戦後日本の復興の記録
GHQカメラマン ボリアが撮った日本の風景

写真撮影 ディミトリー・ボリア Dimitri Boria
編著 杉田 米行

◆ 上巻

大学教育出版

はじめに

　アメリカ・ヴァージニア州のノフォークにThe MacArthur Memorialという博物館がある。1961年にダグラス・マッカーサーが勲章、軍服、さまざまな資料等多くの貴重なものをノフォーク市に寄贈した。なぜ、ノフォークなのか？　ノフォークは母親の故郷なので、マッカーサーは親しみを持っていた。1964年に亡くなったマッカーサーの墓もノフォークにある。

　このThe MacArthur Memorialには文書館（Library & Archives）がある。連合国軍による日本占領などマッカーサーに関連する研究をする人なら、必ず一度は訪れる場所だ。1990年代にここでリサーチをしていた際、占領期の多くの写真を見た。白黒に交じってカラー写真もあった。初めてカラー写真を見た時、震えが来る思いがした。カラーで見ると臨場感がまるで違う。これらカラー写真を日本で紹介したい、という思いが募った。

　2007年に『GHQカメラマンが撮った戦後ニッポン』『続・GHQカメラマンが撮った戦後ニッポン』（アーカイブス出版）という2冊の写真集を刊行できた。大変好評だったが、事情により絶版となってしまい、現在は古本市場でしか流通していない。

　この写真集の復刊を求める声が高まり、大学教育出版の協力を得て、本写真集を上下2巻本として刊行する運びとなった。また、単に「復刊」ではなく、「平和を享受し、復興する前向きな日本」というコンセプトの下、写真の厳選と再配置をし、ネガからより鮮明に写真を現像し、よりよい作品に仕上げた。もはや復刊ではなく、新しい写真集と考え、『戦後日本の復興の記録―GHQカメラマン ボリアが収めた日本の風景』上・下巻、とタイトルも新たにした。

　上巻は東京を中心とした記録とした。第1章「米軍と施設接収」では、戦後、破壊されずに残っていた日本の主要な施設が次々と占領軍に接収されていった様子が写真から伺えるだろう。第2章「GHQによる民主化」では、戦後、日本の民主化が急速に進んでいった状況を写真で伝えている。第3章「GHQによる非軍事化」では、日本の軍国主義を根絶しようとする連合国軍の努力を感じることができる。第4章「日本再軍備・サンフランシスコ講和への道」では、国際情勢の変化により、日本が再軍備をし、独立に向かう様子がレンズを通してうかがえる。第5章「経済復興の礎」では、当時の物価を庶民目線から知ることができる。第6章「急速に発達を遂げた東京」では、力強く発展していく東京の姿が写真に収められている。第7章「東京の庶民の生活」では当時の庶民の生活をかいまみることができる。

　「平和を享受し、復興する前向きな日本」の姿をリアルに表現している。この写真集から元気を貰い、原点に立ち、常に前向きに進みたいと願う。

杉田米行

GHQカメラマン ディミトリー・ボリアについて

本写真集は第二次世界大戦後十余年の日本の様相をオールカラーで蘇らせたものである。ここには、米国ヴァージニア州ノフォークにあるマッカーサー・メモリアルに保存されているDimitri Boria（ディミトリー・ボリア）が撮影したカラー写真を含んだ約3万点にのぼる写真「ボリア・コレクション」から厳選した作品が収められている。1947年から1961年まで日本に滞在していたボリアは、連合国軍の対日占領期および占領終結後数年間の日本の混乱期を経て、戦後復興の第一歩を踏み出そうとしていた1947年から高度経済成長期までをレンズに残してきた。特に、ボリアは昭和天皇と交流があったということで、天皇・皇后両陛下や皇族に関する写真は一見の価値がある。

ディミトリー・ボリアに関しては、不明な点も多いのだが、断片的情報を集めると、1902年3月13日にアルバニアで生まれ、1921年に渡米、ミシガン州デトロイトで美術を学んだ後、カリフォルニア州ハリウッドに移った。その後、1942年から1945年までワシントンD.C.の陸軍大学で軍事用写真・映画を制作している。その後、バルカン半島、イタリア、ユーゴスラビア、オーストリア、ドイツなどを旅して数多くの写真撮影した後、連合国軍総司令部（GHQ）写真班スペシャリストとして、1947年5月から占領下の日本で写真を撮ったとされている。

さらに、ボリアは1961年まで日本に滞在し、東京およびその周辺だけではなく、熱海、北海道などさまざまな地域の写真を撮った。それらの写真には天皇、皇后、皇族、東京裁判、東京の町並み、地方の様相など、ボリアの優れた感性が遺憾なく発揮されている。しかも、ボリアはカラー写真部の責任者だったので、大変貴重なカラー写真が保存されている。ボリアは1961年に帰国し、1990年5月20日にワシントンD.C.にて死去した。

洋画家・藤田嗣治と写真に収まるディミトリー・ボリア（Dimitri Boria）

戦後日本の復興の記録 上巻
GHQカメラマン ボリアが撮った日本の風景

写真撮影／ディミトリー・ボリア（Dimitri Boria）
編 著 者／杉田米行

CONTENTS

はじめに ………………………………………… 1
GHQカメラマン　ディミトリー・ボリアについて ……… 2
連合国軍総司令部（GHQ）の地方統治 …………… 7

第1章
米軍と施設接収 ……………………………… 9
施設接収／戦略諜報局（OSS）／米国大使館

第2章
GHQによる民主化 …………………… 15
日本国憲法／昭和天皇のおことば／天皇制／権力と権威／
人間宣言／国民の中へ／皇太子／植樹祭／
全国巡幸／開かれた皇室／着物／政治／
労働者／警察／改革／財閥解体／神輿と宗教

第3章
GHQによる非軍事化 ……………… 41
東京裁判／国際判事団／A級戦犯

第4章
日本再軍備・サンフランシスコ講和への道 ……… *47*

再軍備と基地化／労働組合／講和会議／独立

第5章
経済復興の礎 ……………………………… *55*

第6章
急速に発展を遂げた東京 …………… *59*

第7章
東京の庶民の生活 …………………… *101*

関連年表……………………………………… *135*
掲載写真一覧………………………………… *137*
主な参考文献………………………………… *139*
GHQの地方占領に関する体系……………… *140*
謝　辞………………………………………… *142*
おわりに……………………………………… *143*

1945年9月初旬頃まで、日本を米英中ソの4カ国が分割して占領するという案があった。具体的にいうと、ソ連が北海道・東北地方、米国が関東・東海・北陸・近畿地方、イギリスは中国・九州地方、中国が四国地方を管理し、4カ国共同で東京を管理、米中共同で大阪を管理するというものだ。ソ連および中国の国民党軍は日本に占領軍を送ることを主張したが、米国政府は軍事的・政治的理由からこの案を拒否した。そして、1946年1月にGHQは、ソ連と中国国民党軍は日本に占領軍を派遣しないこと、および、英連邦軍が中国・四国地方を占領する予定と発表した。正式には連合国軍による日本占領だが、占領軍を派遣したのは米国と英連邦であり、占領行政の大部分は米国が担った。戦後、GHQの日本占領は、京都に司令部を置いた米第6軍と、横浜に司令部を置いた米第8軍が管轄した。
　米国は、「東京・神奈川」「京阪神・名古屋」「北九州」の三大重点地域に約43万人、そして、北海道に2万人、そのほか、各県庁所在地にも占領陸軍部隊を配置した。つまり、当初は、海空軍を含めて総勢約60万人が占領軍として参加していた。日

連合国軍総司令（GHQ）の地方統治

本占領軍の第1局面は3カ月間であり、米国政府はこの時、武装解除と組織的抵抗の鎮圧を目的としていた。

この第1局面が終わった1945年12月に第6軍が撤収し、第8軍が日本全土を管轄するようになった。1946年1月からの第2局面は9カ月間で、武装解除、復員、非軍事化を目的とし、京都に西日本全体を管轄する第1軍団司令部が置かれた。

英連邦は1946年2月から広島、岡山、山口、島根、鳥取の中国地方5県と愛媛、香川、徳島、高知の四国4県に進駐したが、1948年12月には第8軍に管轄権を返上した。地方軍政に関しては、変遷はあったものの、1946年7月には第8軍の下に8つの地方軍政部司令部を置き、その下に府県軍政チームを構築することになった。

日本では、日本全国を占領するGHQと地方でさまざまな折衝を行う機関として、終戦後、終戦連絡地方事務局が設置された。1945年9月の横浜と京都を皮切りに、10月には、横須賀、札幌、仙台、佐世保、大阪、呉、11月には鹿屋、福岡、松山、名古屋、館山に設置された。

1945年8月15日に終戦を迎え、8月30日にはマッカーサーが横浜ニューグランドホテルに入った。GHQは横浜で次々に接収を進めた。1952年のピーク時には、沖縄を除く全国接収土地面積の約62％が横浜に集中している。なかでも横浜の中心である中区ではビジネスセンターの74.3％が、また横浜の中枢機能である港湾施設の90％が接収された。

　9月になると、GHQは東京に進駐した。その後、GHQの本部となった日比谷の第一生命館、士官用宿舎となった丸ノ内の有楽ビル、米国極東空軍司令部となり、対日理事会（マッカーサーの諮問機関）が会議場として使用した丸の内の明治生命館、PX（ポスト・エクスチェンジ：駐屯地内売店）となった銀座の服部時計店や松屋など、都内の600カ所以上の建物を接収した。

　占領軍はピーク時で約43万人に達し、その勤務場所、住宅や売店などの生活関連施設、娯楽場などの施設を確保するために、次々と建物や土地が接収された。さらに軍人・軍属が家族を呼び寄せるようになると、その家族向けの住宅が必要となり、代々木に占領軍将校とその家族用の宿舎ワシントン・ハイツが、三宅坂の三宅家屋敷跡には将校用宿舎パレス・ハイツが建築された。

　占領軍駐留に伴う施設や役務経費（宿舎建築費を含む）は、終戦処理費として、すべて日本政府が賄ったのだが、それは国の予算の30％を占め、総額約47億ドルにも達した。食うや食わずの日本人には、広い庭、心地よい住宅、豊富な食べ物に満ち溢れた占領軍住宅地区は、まさに別世界の楽園のように見えたに違いない。

　これらの建物や土地は占領が終結すると徐々に日本に返還されたように見えるが、ある意味で米国の接収は現在も続いている。というのは、1952年の日米行政協定やこれを改定した1960年の日米地位協定は、日本における米国基地の場所をあらかじめ定めず、日米が合意すればどこにでも基地を置くことができる全土基地方式を採用してい

第1章 米軍と施設接収

るからだ。現在も状況は同じだ。2016年8月時点で、米軍施設は全国で82軒、総面積は約329km²で日本の面積の0.09%を占めている*。

占領後の日本において、米国の活動の中心は、千代田区有楽町にあったGHQから港区赤坂にある在日米国大使館に移った。1945年9月27日、昭和天皇とマッカーサーの初会見は米国大使館で行われた。この会談で昭和天皇は「此ノ戦争ニ付テハ、自分トシテハ極力之ヲ避ケ度イ考デアリマシタガ戦争トナルノ結果ヲ見マシタコトハ自分ノ最モ遺憾トスル所デアリマス」、「私モ日本国民モ敗戦ノ事実ヲ充分認識シテ居ルコトハ申ス迄モアリマセン、今後ハ平和ノ基礎ノ上ニ新日本ヲ建設スル為私トシテモ出来ル限リ力ヲ尽シ度イト思ヒマス」と発言し、マッカーサーは「陛下程日本ヲ知リ日本国民ヲ知ル者ハ他ニ御座イマセヌ」と返答したと記録に残されている。

*情報源は在日米軍広報課よりメール。8/23/2016

東京會舘

施設接収

　GHQは東京のめぼしい建物をほとんどすべて接収した。1890年11月に開業した日本を代表する帝国ホテルはGHQの将官・高官用宿舎として接収され、東京裁判で活躍した米国のジョセフ・キーナン首席検事もここに滞在した。

　1947年8月、大手町に貿易庁（現在の経済産業省）直営の「ホテル・テート」が開業した。この建物は1937年に建造され、もともと帝室林野局（林野庁の前身）のものだったが、GHQが民間ホテルを次々と接収していったので、ホテル不足解消が目的だった。

　このホテルの解体後、新しくパレスホテルが建設され、1961年10月に開業した。さらに丸の内で格調高い宴会場と本格的フランス料理を提供する場として1922年に創業した東京會舘は、戦後には将校クラブとしてGHQが接収した。東京會舘の名物は「會舘フィズ」。昼間から酒を飲む将校用に出されたミルク入りジンフィズのことである。

　また、戦時中は風船爆弾工場として使用された東京宝塚劇場は、戦後接収されてアーニー・パイル劇場と名前を変え、進駐軍の娯楽施設となった。

極東国際軍事裁判所（現在の市ヶ谷の防衛省）

戦略諜報局（OSS）

　1942年6月、米国は諜報機関として戦略諜報局（OSS）を設置した。これは米国中央情報局（CIA）の前身である。1944年7月にサイパンが陥落すると、その翌年の4月から日本国内の反軍国主義勢力を偽装した「新国民放送局」が、「謀略の中波ラジオ放送」を行った。いわゆるブラック・プロパガンダ・プロジェクトの開始である。

　OSSは日系アメリカ人や日本兵捕虜など、日本語に堪能な者をこのプロジェクトに関与させるなど総力を結集し、日本国内の内紛、混乱、社会不安などを引き起こそうと、120回以上にわたり厭戦的な音楽や早期降伏の賢明さを説いた日本語ラジオ番組を放送した。米国の共産主義者もまた、戦争の早期終結を求めて、OSSのこのプロジェクトに協力した。

　OSSは、CIAに再編された後も、諜報機関として日本で反共活動などに従事した。たとえば、1950年代から1960年代にかけ、自由民主党に数百万ドルの資金援助をし、左翼の弱体化という秘密工作などを行った。

正面が米国大使館

米国大使館

　OSSは戦時中から日米関係の裏街道を歩いていたが、戦後の日米関係の表街道を歩いてきたのは在日米国大使館である。1890年3月、米国から公使館の土地と建物の斡旋依頼を受けた日本政府は、赤坂の土地と建物を民間から買い上げた。同年5月、日米間に公使館土地建物賃貸借契約が締結された。その後、1931年、米国の建築家マゴニグルとレーモンド設計により在日米国大使館、大使公邸、職員宿舎が建てられた。なお、大使公邸は2001年に米国の重要文化財に指定されている。

　マッカーサー元帥と在日米国大使館も案外深い関係にある。父親のアーサー・マッカーサー・ジュニアも軍人であり、1905年に在日米国大使館付き武官として東京に赴任することとなった。当時まだ20代半ばだった若きダグラス・マッカーサーは副官として随行している。また、元駐日米国大使のダグラス・マッカーサーII世はマッカーサー元帥の甥にあたる。

天皇とマッカーサーが会談した部屋

米国大使館のこの一室で、マッカーサーは何を語り合ったのでしょうか？

連合国軍総司令部（GHQ）が日本を占領した最大の目的の一つは日本の民主化だ。その最たるものが1947年5月3日に施行された日本国憲法である。たとえば第1条において「天皇は、日本国の象徴であり日本国民統合の象徴」と規定し、天皇は国民の象徴となり、政治的権力を持たなくなった。このような思い切った措置により、GHQは戦後も天皇制を存続させ、天皇の全国巡幸を奨励した。実際、昭和天皇は1945〜1947年、1949年、1953〜1954年の3回にわたって巡幸を行っている。戦時中は現御神だった天皇が全国を巡幸し、直接国民に話しかける姿は、民主化された日本を象徴する出来事だった。

　吉田茂をはじめ、日本の文民指導者たちも民主化に重要な働きをした。彼らは敗戦により、資本主義体制が崩壊し、社会革命が起こることを恐れ、それを封じ込めるためには日本が早急に「常態」に戻るべきだと考えていた。それはすなわち、日本が西洋の民主主義諸国の制度を受け入れ、アジアで西洋の最強国といえる米国のジュニア・パートナーになることだ。吉田は戦後アジアにおいて、米国が支配的強国になると考えていたため、占領当初から米国との連携を提唱した。日本にとって連合国に占領されることは、明治維新以来の西洋化への延長線上にあるものだった。

　民主化は日本のさまざまな分野に大きな影響を与えた。民主化は当初、労働者にも朗報をもたらし、労働運動が盛んになった。ダグラス・マッカーサー連合国軍最高司令官は、政治意識が高く新しい考え方に敏感で数も多い労働者を組織化することで、労働界が実業界に対抗し、将来の日本の中心的勢力になるだろうと楽観視していた。また、戦時中に中央集権化が進められた警察組織にも民主化の波が押し寄せ、より民主的な組織となって再出発を遂げた。教育は民主化の原点ともいえるが、1947年3月31日に施行された旧教育基本法（新教育基本法は2006年12月に施行）では、機会均等、9年の義務教育、男女共学などが定め

第2章
GHQによる民主化

られた。さらに、1947年から農地改革が実施されたことで農村にも民主化が拡大していった。

多くの人が日本の民主化を支えた。1,000人以上の要員を擁するGHQ最大部局の経済科学局の2代目局長であるウィリアム・マーカットは、経済面で主要な役割を果たした。ウィリアム・シーボルドはマッカーサーの政治顧問として、日米両国間の橋渡しとなり、アルヴァリー・ガスコインはイギリス代表として連合国の対日占領に参加し、革新的な農地改革の実施などに尽力した。

国家神道も民主化の荒波に飲み込まれた。民主化とは西洋文化（主にアメリカの文化）を採り入れることだと大勢の日本人が考えていたので、西洋文化の根幹であるキリスト教に対して、積極的かつ寛容的な態度を示した。マッカーサー元帥の後押しもあり、当時、日本でキリスト教が大変盛んになったが、それは一過性のものだった。

日本国憲法

1947年5月3日

前　文

　日本国民は、正当に選挙された国会における代表者を通じて行動し、われらとわれらの子孫のために、諸国民との協和による成果と、わが国全土にわたつて自由のもたらす恵沢を確保し、政府の行為によつて再び戦争の惨禍が起ることのないやうにすることを決意し、ここに主権が国民に存することを宣言し、この憲法を確定する。そもそも国政は、国民の厳粛な信託によるものであつて、その権威は国民に由来し、その権力は国民の代表者がこれを行使し、その福利は国民がこれを享受する。これは人類普遍の原理であり、この憲法は、かかる原理に基くものである。われらは、これに反する一切の憲法、法令及び詔勅を排除する。

　日本国民は、恒久の平和を念願し、人間相互の関係を支配する崇高な理想を深く自覚するのであつて、平和を愛する諸国民の公正と信義に信頼して、われらの安全と生存を保持しようと決意した。われらは、平和を維持し、専制と隷従、圧迫と偏狭を地上から永遠に除去しようと努めてゐる国際社会において、名誉ある地位を占めたいと思ふ。われらは、全世界の国民が、ひとしく恐怖と欠乏から免かれ、平和のうちに生存する権利を有することを確認する。

　われらは、いづれの国家も、自国のことのみに専念して他国を無視してはならないのであつて、政治道徳の法則は、普遍的なものであり、この法則に従ふことは、自国の主権を維持し、他国と対等関係に立たうとする各国の責務であると信ずる。

　日本国民は、国家の名誉にかけ、全力をあげてこの崇高な理想と目的を達成することを誓ふ。

平和条約発効並びに
日本国憲法施行5周年記念式典での

昭和天皇のおことば

1952年5月3日

　平和条約は、国民待望のうちに、その効力を発し、ここにわが国が独立国として再び国際社会に加わるを得たことは、まことに喜ばしく、日本国憲法施行5周年の今日、この式典に臨み一層同慶の念に堪えません。

　さきに万世のために、太平を開かんと決意し、四国共同宣言を受諾して以来、年をけみすること7歳、米国を始め連合国の好意と国民不屈の努力とによって、ついにこの喜びの日を迎うることを得ました。ここに、内外の協力と誠意とに対し、衷心感謝すると共に、戦争による無数の犠牲者に対しては、あらためて深甚なる哀悼と同情の意を表します。又特にこの際、既往の推移を深く省み、相共に戒慎し、過ちをふたたびせざることを、堅く心に銘すべきであると信じます。

　今や世局は非常の機に臨み、前途もとより多難ではありますが、いたづらに明日を憂うることなく、深く人類の禍福と、これに対する現世代の責務とに思いを致し、同心協力事に当るならば、ただに時難を克服するのみならず、新憲法の精神を発揮し、新日本建設の使命を達成し得ること、期して待つべきであります。すべからく、民主主義の本旨に徹し、国際の信義を守るの覚悟を新たにし、東西の文化を総合して、国本につちかい、殖産通商を振興して、民力を養い、もつて邦家の安栄を確保し、世界の協和を招来すべきであると思います。

　この時に当り、身寡薄なれども、過去を顧み、世論に察し、沈思熟慮、あえて自らを励まして、負荷の重きにたえんことを期し、日夜ただおよばざることを、恐れるのみであります。こいねがわくば、共に分を尽し、事に勉め、相たずさえて国家再建の志業を大成し、もつて永くその慶福を共にせんことを切望してやみません。

（http://www.geocities.jp/nakanolib/choku/cs27.htm＃勅語 より引用）

ほほえむ昭和天皇

天皇制

　マッカーサーは新憲法の制定にあたり、天皇制を存続させると同時に、連合国が天皇制を受け入れられるように工夫しなければならなかった。だから、天皇を象徴とするという条項と国権の発動としての戦争を禁じる条項を挿入した。彼はこの2つを日本の非軍事化と民主化の帰結であると考えていた。当初、日本が自主的に、民主的で世界に受け入れられるような形の新憲法を作成することを期待していた。

ところが、日本側の案は、実質的に天皇制には手をつけておらず、保守的なものだった。マッカーサーは、反日感情を持ち、天皇の戦争責任を追及していた世界世論が、このような保守的な案を受け入れるとは考えていなかった。焦りを覚えたマッカーサーは、劇的に変化したイメージがあり、世界世論に受け入れられそうな新憲法草案を総司令部主導の下で作成する必要に迫られたのである。

笑顔の香淳皇后

平和条約発効記念式典から還幸する両陛下

　GHQが日本国憲法の草案作成に着手した。マッカーサーは、天皇の象徴化と戦争放棄、封健制度の廃止という条項を必ず憲法に導入せよという基本的な指示のみを出し、詳細はGHQ内の民政局に任せた。その意図は、天皇を「象徴化」するという、本来、国家の基本法にはなじまない言葉を用いて天皇制反対という海外の批判を懐柔する一方で、天皇制を存続させることで、占領統治を順調に進めることだった。さらに、自国の安全性を高めることが至上目標とされる主権国家の常識からはかけ離れた「戦争放棄」という条項を含んだ新憲法を提示し、「非軍事国家　日本」というイメージを高らかに謳い上げることで、海外の対日懲罰派を懐柔しようとした。つまり、憲法第1条と憲法第9条という2つの条項をセットにすることで、マッカーサーは世界世論にこの新憲法を承認させようとしたのである。憲法第9条は、天皇制を維持するために日本国憲法に挿入されたといっても過言ではない。

馬車での還幸

　一方、終戦後の混乱期といえども、昭和天皇と国民は強い絆で結ばれており、大多数の国民は天皇を強く信頼し、慕っていた。天皇は「日本国民統合の象徴」と日本国憲法第1条に規定されたとおり、戦後の苦しい状況に立たされた日本国民をひとつにまとめていく役割を果たした。精力的に国民との接触を求めた昭和天皇を国民は大歓迎した。

桜田門を行進するGHQの部隊

権力と権威

　陸軍・海軍・空軍・海兵隊4軍とGHQの軍旗を棒げ持つ部隊が皇居の桜田門から出てくる姿は、まさに占領期の権力関係を如実に示している。マッカーサーは連合国軍最高司令官として絶対的な権力を把握していたが、決して、天皇に取って代わって日本を統治したわけではないし、天皇のような権威を持ち得なかった。むしろ順調に占領政策を進めるためには、天皇を排除するより暗黙の協力関係を樹立した方がよいと判断していた。つまり、権力（マッカーサー）と権威（天皇）が合体したからこそ、確固たる統治ができたのである。

人間宣言

　……惟フニ長キニ亘レル戦争ノ敗北ニ終リタル結果、我国民ハ動モスレバ焦躁ニ流レ、失意ノ淵ニ沈淪セントスルノ傾キアリ。詭激ノ風漸ク長ジテ道義ノ念頗ル衰へ、為ニ思想混乱ノ兆アルハ洵ニ深憂ニ堪ヘズ。
然レドモ朕ハ爾等国民ト共ニ在リ、常ニ利害ヲ同ジウシ休戚ヲ分タント欲ス。朕ト爾等国民トノ間ノ紐帯ハ、終始相互ノ信頼ト敬愛トニ依リテ結バレ、単ナル神話ト伝説トニ依リテ生ゼルモノニ非ズ。……

出典：「日本国憲法の誕生」国立国会図書館
http://www.ndl.go.jp/constitution/shiryo/03/056/056tx.html

（現代語訳）
……思うに長きにわたった戦争が敗北に終わった結果、我が国民はややもすれば思うようにいかず焦り、失意の淵に沈んでしまいそうな流れがある。過激な風潮が段々と強まり、道義の感情はとても衰えて、そのせいで思想に混乱の兆しがあるのはとても心配な事である。
　しかしながら私はあなたたち臣民と共にいて、常に利害は同じくし喜びも悲しみも共に持ちたいと願う。私とあなたたち臣民との間の絆は、いつもお互いの信頼と敬愛によって結ばれ、単なる神話と伝説とによって生まれたものではない。……

出典：「新日本建設に関する詔書」

三越を見学する両陛下

国民の中へ

　戦前・戦時中、天皇は現御神(あきつみかみ)と考えられていたが、戦後の民主化により、昭和天皇は積極的に国民の前に姿を現すようになった。天皇・皇后両陛下は、三越での電話開通式に出席されている。皇后は当時の質素なフォーマル着である「宮中着」を着用しておられる。

　当時16歳の明仁親王(今上天皇)は疎開先の奥日光・湯元の南間ホテルで敗戦を迎え、終戦後帰京された。戦後、昭和天皇は明仁親王に「西洋の思想と習慣を学ぶ」ことを推奨し、1946年10月から1950年12月まで、著名なアメリカ人児童文学者のエリザベス・グレイ・ヴァイニングを家庭教師として迎えた。

　天皇・皇后両陛下ならびに明仁親王と正仁親王(昭和天皇の第二皇子、常陸宮)が、ボーイスカウト日本連盟の行事に臨席している。ボーイスカウトは、将来の日本を背負う青少年育成の場として重要な役割を果たした。

明仁親王は、国民と共にどのようにすれば日本を復興できるかをお考えになられていたことだろう。

明仁親王（今上天皇）と正仁親王（常陸宮）

立太子の礼

皇太子

　1952年11月10日、学習院大学政経学部に在学中の皇太子明仁親王は、立太子の礼（民間の成人式にあたる）に臨まれた。民間の場合、20歳で成人式を迎えるが、皇室典範第22条により、皇太子は例外的に18歳で成人となる。これは正式に明仁親王が皇太子であることを示す儀式である。戦前はこの儀式を経なければ正式に皇太子として認められなかったが、1947年の皇室典範により皇太子の身分に関する定義が規定され、立太子の礼は形式的な意味しかもたなくなった。

　皇太子は1953年3月30日、昭和天皇の名代としてエリザベス英国女王の戴冠式に出席するために、大勢の人に見送られながらプレジデント・ウィルソン号で横浜港を出発することとなった。皇太子は欧米14カ国を訪問する7カ月以上の外遊をこなし、同年10月12日に帰国した。流暢な英語で、エリザベス女王やチャーチル首相と会話を交わした。

帰国した皇太子と羽田空港で出迎えた人々

学習院の学窓たちも出迎えに参席

昭和天皇とマーカット少将

植樹祭

　日本では行き過ぎた伐採によって森林が荒廃していた。そこで、自然をこよなく愛した昭和天皇の発意により、1950年、「荒れた国土に緑の晴れ着を」というキャッチフレーズの下、緑化運動の中核事業として「全国植樹祭」が山梨県で開催された。これは日本人の森林や自然に対する愛情を育むことが目的である。それ以来、公益社団法人国土緑化推進機構（当時は国土緑化推進委員会）と都道府県の共催で毎年春に開催される全国植樹祭には天皇・皇后両陛下が御臨席され、両陛下の植樹などが行われている。

　東京都立川市にある国営昭和記念公園の「花みどり文化センター」内には、昭和天皇御在位50年記念事業の一環として、昭和天皇記念館が設立された。テーマは緑を愛した昭和天皇にふさわしく、「都市における『緑の文化』の創造と発信」である。

お手植えをする昭和天皇

湖畔での植樹祭

巡幸中の昭和天皇

昭和天皇の巡幸を迎える人々

全国巡幸

　1946年1月1日、昭和天皇は「昭和21年年頭の詔書」(いわゆる「人間宣言」)を出して、天皇の神格化を否定した。ここで明らかなように、戦後の混乱時に過激思想が日本に蔓延するのを懸念した昭和天皇が、自らの神格化を否定し、国民との一体感を強調したのである。

　そして、1946年2月19日の神奈川県川崎市の昭和電工川崎工場を皮切りに、国民を慰労する目的で、天皇は全国巡幸を行った。かつて現御神(あきつみかみ)と崇められていた天皇が、全国で大歓迎を受けた。ぎこちなく、「あっそう」と手を振る昭和天皇の言葉は流行語にもなったほどだ。

池田隆政・厚子（昭和天皇第四皇女、順宮厚子内親王）夫妻

開かれた皇室

　天皇だけでなく、皇族全体も開かれたものとなった。それを象徴するかのように、昭和天皇の第三皇女孝宮和子内親王は1950年5月にサラリーマンの鷹司平通氏との結婚で皇籍を離れ、第四皇女である順宮厚子内親王は1952年10月に牧場経営者の池田隆政氏との結婚により皇籍を離れることとなった。

着物姿の女性と子ども

着物

　米国人は占領を通じて実際に日本に滞在することにより、日本の風物や着物のような日本的なものに興味をそそられた。東京では大勢のGHQカメラマンが集まり、このような写真コンテストなどもたびたび開催されるようになった。戦勝国側の男性カメラマンが敗戦国日本の着物を着た美しい女性や幼児を写真のモデルにしている姿は、当時の連合国と日本の関係を如実に表しているように思える。征服者が被征服者の女性を性的対象としてとらえ、幼児を被服従者としてとらえているとも言える。たしかに、連合国側のカメラマンにはそのような征服者意識はないのかもしれない。しかし、これらの写真からは、連合国側が無意識のうちに抱いている連合国と日本の支配―従属関係が感じられる。

吉田 茂

政　治

　第二次世界大戦終結から1950年代後半の高度経済成長期までの激動期、日本では政治も激動の時代だったといえる。中でも当時を代表する政治家は吉田茂と緒方竹虎である。

　吉田茂は、連合国軍占領下を含め、7年にわたって首相を務めた。吉田は占領当初、経済安定本部が進めた計画経済路線を好まなかったが、1949年に実施された占領政策の一大転換であるドッジ・ラインで具現化された自由主義的均衡財政路線を積極的に支援した。経済復興を最優先に考えていたため、非生産的な防衛費に希少な資源をまわさなくてもすむよう、日米安全保障体制を築き、日本の防衛をアメリカ合衆国に依存するようにしたのだ。吉田以降も、日本の歴代内閣は、アメリカ合衆国から継続的に、軍備を拡張するように圧力を受けてきたが、日本は日米同盟を瓦解させない最低ラインを見極めながら、最低限の軍備拡大を行ってきた。

　一方、緒方竹虎は朝日新聞社の編集局長、主筆を歴任した後、1944年に小磯国昭内閣の国務相兼内閣情報局総裁に就任した。しかし、1945年12月、A級戦犯に指名され、1946年8月には公職を追放されている。その後、1951年に追放を解除されるとすぐに自由党に入党し、政界に復帰した。翌年、衆議院議員に当選し、吉田茂内閣で官房長官（1952年）、副総理（1953年）を歴任、1954年に吉田の後を継いで自由党総裁となった。1955年、自由党と鳩山一郎率いる民主党による保守合同の立役者となり、ポスト鳩山間違いなしと考えられていたが、1956年1月に無念の急死を遂げた。緒方の急死によって、政権は、石橋湛山内閣を経て岸信介内閣へと引き継がれていった。

皇居前でのメーデー

労働者

　1945年10月11日、ダグラス・マッカーサー連合国軍最高司令官が当時の幣原喜重郎首相に対し、「労働組合結成の奨励」という指令を発した。それにより、1946年9月27日に労働関係調整法、1947年4月7日に労働基準法、1949年6月1日には労働組合法（総じて労働三法と呼ぶ）と、労働者の権利を擁護する法律が次々と公布された。結果として、日本の組織労働者数は1946年には500万人、1948年末には670万人にまで拡大していった。

　それに伴い、労働条件は著しく改善されていった。たとえば、1947年に施行された労働基準法では、1日8時間労働（戦前平均労働時間は約10時間）、男女同一賃金、雇用者側の解雇権濫用禁止、年次有給休暇などが規定された。このように労働条件は大幅に改善されたが、労働者の生活水準は非常に低いままであり、戦前・戦時中に弾圧を受けた労働争議が頻発した。

皇宮警察

警察

　戦前は内務大臣を頂点に、警視総監・府県知事—国の機関としての警視庁・道府県（警察部）—警察署という指揮系統に則った国家警察が基本だった。1911年に警視庁（東京）に反体制思想活動を弾圧する特別高等警察（特高）が配置され、1920年代末までには全国に配置された。1925年には反天皇制や社会主義運動を弾圧する治安維持法が制定されている。このように、力によって、政治的・社会的諸権利を抑圧する戦前の警察体制が整っていった。

　しかし、この抑圧体制も戦後の民主化によって解体された。1945年10月、GHQの指令により治安維持法と特別高等警察が廃止、1948年の警察法で警察組織の地方分権化が進められ、自治体警察と国家地方警察が組織された。最終的には1954年の改正警察法で、警察庁—警視庁・道府県警察という中央集権的組織に統一された。それでも、戦前の「力の警察」とは比較にならないほど民主的な制度となった。

農　業

改　革

　教育内容からは軍国主義的イデオロギーが排除されたが、GHQの検閲が入り、国定教科書を使うことで民主主義思想が上から押し付けられた。GHQは、日本人の識字率が低いために民主主義が発達せず、軍国主義化したと推測した。そこで、読み書きが難しい漢字を廃止し、日本語ローマ字化案をたてた。だが、案外日本人の識字率は高いことが判明し、この計画を中止した。また、早くも1945年11月に有楽町の日東紅茶ビル内に日本の教育情報部門担当の民間情報教育局（CIE）の図書館が開設された。CIEは図書館による民主化推進を唱え、地方の小都市を含め、全国に図書館を設置した。

　農地改革は、政府が地主から土地を買い上げて小作人に転売するという建前だった。だが、地主への支払いは長期（20年以上）払いの「農地証券」だったので、激しいインフレーションで価値がなくなり、小作人はタダ同然で土地を入手した。1951年時点で、自作農は改革前の284万戸から541万戸へと急増した。

マーカット経済科学局長夫妻

財閥解体

　GHQは戦前、財閥が日本の対外侵略の経済基盤だったと考えていたため、非軍事化および経済の民主化のために財閥解体を断行しなければならないとしていた。これにはウィリアム・マーカット率いる経済科学局が主要な役割を果たし、四大財閥（三井、三菱、住友、安田）だけではなく、戦前・戦時中に日本経済を支えた大企業の経営者の一掃や若返りも見られた。

　1947年9月、天皇はGHQに、日本に主権を残しながらも貸与という形で長期間（25～50年もしくはそれ以上）、米国が沖縄を軍事占領すべきだといういわゆる「天皇メッセージ」を伝えた。そのメッセージは、GHQ政治顧問代理ウィリアム・シーボルドを通じてGHQに伝えられた。

　1946年2月から中国・四国地方は米軍にかわって英連邦占領軍の管轄下となり、広島県呉市に司令部が置かれた。最盛時には約3万7,000名の駐留部隊が占領政策を司った。

三社祭

神輿と宗教

　明治時代、政府が天照大神を祀る伊勢神宮を頂点とする国家公認の神道体制をつくりあげた。GHQは民主化の一環として、1945年12月15日、いわゆる「神社指令」により国家神道を廃止した。GHQは、国家による神社支援だけではなく、1946年11月には町内会等からの神社への寄付も禁じた。ただし、国家レベルの神道と庶民レベルの神社を中心とした祭りは区別され、神輿の運行までは禁止されなかった。すでに1946年には東京都復興祭が挙行され、各区毎の復興祭も催された。

　神輿による町の練り歩きは、普段、神社にいる神様が祭りの日には神様専用の乗り物（神輿）に乗って人々に会いに来てくださることを意味した。その神輿を担ぎながら街中を練り歩くことは、占領期から復興期という苦しい時代を生きた庶民にとって、当時の数少ない娯楽の一つだった。

新橋田村町の子ども神輿

　国家神道がなくなると、非常に熱心なクリスチャンであるマッカーサーは、日本にキリスト教布教を推奨した。GHQは1946年クリスマス以降に宣教師たちの日本出入国を認めた。GHQは軍放出物資を活用して、日本国内の教会の再建を支援した。日本ではキリスト教ブームが起き、天皇のキリスト教改宗説の噂も流れたほどだ。

　他方、日本国内では戦前・戦中からさまざまな宗教運動の萌芽が見られた。同時に、昭和20年12月28日に宗教法人令が公布されたのを契機に、雨後の筍のように次々と仏教系を中心とする新興宗教（大衆宗教）が勃興し、その様子は「神々のラッシュアワー」と称された。先祖供養や現世利益の追求などが日本人の琴線に触れた。文化的な違いも相まって、結果的にキリスト教が日本に根付くことはあまりなかった。

極東国際軍事裁判（通称、東京裁判）とは、連合国が1946年5月3日の開廷から1948年11月12日の判決言い渡しまで、日本の戦争責任者を裁いた裁判である。東京裁判の最大の焦点は天皇の処遇だった。天皇は日本の専制と軍国主義のシンボルであったため、連合国は天皇を戦争犯罪人として処罰することを求めた。米国国務省は、日本人が天皇を崇拝しているので、天皇制を廃止することは非生産的だと考えていた。

　1945年11月、米国政府はマッカーサーに、天皇の戦争への関与に関して証拠を収集せよと命じた。マッカーサーは天皇の権威に敬意をはらっていた。それは、天皇の降服命令に従い、日本軍が秩序正しく迅速に武装解除をしたからだ。だから、1946年1月、マッカーサーは天皇が無罪であり、仮に天皇を起訴すれば日本人の大がかりな抵抗が予想され、その鎮圧のために少なくとも100万人以上の軍隊の増強、および日本を統治するために数十万単位の行政官の派遣が必要だと報告した。遂に米国政府も天皇を起訴しないという結論に達した。

　この点からも、東京裁判はまさに勝者が敗者を裁く裁判であり、政治的思惑に左右された裁判といえよう。この勝者が敗者を一方的に裁く裁判の公平性に疑問を抱き、インドのラダ・ビノード・パール判事は日本無罪論という少数意見を出した。

　東京裁判では通例の国際法による戦争犯罪人をB級戦犯とし、それ以外に2つの新たな罪が決められた。それは侵略戦争に責任を負い平和に対する罪を犯した者がA級戦犯、非人道行為を行い、人道に反する罪を犯した者がC級戦犯となったことである。A級戦犯被指定者は東京の市ヶ谷旧陸軍士官学校大講堂で裁かれた。東京裁判は、オーストラリアのウィリアム・ウェッブを裁判長とする11名の国際裁判官、米国のジョセフ・キーナンを首席検事とする国際検察局、鵜沢総明を団長とする国際弁護団、戦時中の首相を務めた東條英機など28名の被告などによって構成されていた。

　最終的な判決では、7名が絞首刑、16名が終身禁固刑、1名が禁固20年、1名が禁固7年だった。残り3名のうち、1名は精神障害により免訴、2名は公判中に病死した。

　日本の文民指導者は東京裁判だけではなく、武装解除や戦争協力者の公職からの追放など、GHQが行ったそのほかの非軍事化政策に積極的に協力

第3章
GHQによる非軍事化

した。

敗戦後、日本人は天井知らずのインフレーション、食料不足、未来への失望感の中で辛苦の生活を送った。彼らの不満と怒りは急進的社会変革へのエネルギーに転化される可能性もあり、それを事前に防ぐためにはけ口が必要だった。文民指導者たちはアジア太平洋戦争を日本の民主主義発展の歴史における「大いなる逸脱」ととらえていた。敗戦後、日本の国政をつかさどることになった文民指導者は占領軍の支持を背景に、軍国主義者こそが今回の戦争の全責任を背負うべきだと主張して、日本人に政治的・心理的スケープゴートを提供し、自らの立場を維持しようとした。

たとえば、1945年11月、幣原喜重郎首相は衆議院で、明治維新とともに始まった近代民主主義の歴史は順調に発展していたが、1930年代以降軍国主義者によって妨害されてしまったとして、軍部に戦争の責任を押し付けた。幣原は軍国主義者を排除し、民主主義推進勢力である文民指導者に国政を預けるべきだと主張した。非軍事化は、軍国主義者から文民指導者への権力委譲の過程でもあった。

東京裁判

東京裁判は米国の非軍事化政策と日本の反軍国主義の結実であり、日本人の平和主義追求に大きな貢献をした。軍国主義者から文民指導者へ権力が移り変わったが、戦後日本において、この権力移譲過程は非常に複雑で奇妙な遺産となった。日本人は、米国に負けたという意識はあってもアジア諸国の抗日戦争に負けたという意識はほとんどなかったのだ。これが戦後日本の対米従属意識とアジア蔑視観につながった。

さらに、日本軍国主義には、国民の犠牲という側面とアジア諸国への侵略という二面性があったが、東京裁判により、軍国主義者の蛮行だけが白日の下にさらされ、一般国民は軍国主義者にだまされたという思いを強く持った。国民の多くは被害者意識だけを強く抱き、侵略の側面を次第に忘れていった。

要するに、東京裁判はアジア太平洋戦争がもつ侵略面に対し、日本国民を免責する効用を持ったのだ。その結果、文民指導者を先頭に、日本国民は自らを軍国主義者の「犠牲者」とするイメージを第一に抱き、日本人全員が負うべきアジア太平洋戦争の責任というものを感じない心理構造ができ上がった。

市ヶ谷の極東国際軍事裁判（東京裁判）の法廷風景

東京裁判被告席

国際判事団

　東京裁判の判事団はオーストラリア、米国、英国、ソ連、フランス、中華民国、オランダ、カナダ、ニュージーランド、フィリピン、インドの11カ国から構成された。判決は戦争首謀者の絞首刑もしくは禁固刑（1人は精神障害で免訴）となったが、「法ナケレバ罪ナク、法ナケレバ罰ナシ」とする近代法治主義の原則「罪刑法定主義」に照らすと、戦後に新たに作られた「平和に対する罪」と「人道に対する罪」では戦時中の罪を裁くことはできず、法律論的には問題があったといえる。

　フィリピンのジャラニフ判事はより重罪を、オランダのレーリング判事は減刑を唱えた。また、オーストラリアのウェッブ裁判長は誰も死刑にすべきではないと判断した。インドのパール判事は日本無罪論を展開し、米国の原爆投下を批判した。フランスのベルナール判事は天皇が免責されている以上、誰も裁くことはできないと述べた上に、11人の判事全員で協議したことは一度もないと国際判事団の内部事情も暴露した。結局、判決は6対5という僅差の多数決判決の結果に過ぎなかった。

被告席の東條英機（手前左）

A級戦犯

　28名のA級戦犯被指定者のうち、7名が絞首刑、18名が禁固刑となった。1978年、靖国神社が28名のうち、死刑および獄中で死亡した14名およびB・C級戦犯として刑死した者を「昭和時代の殉難者」として合祀した。このような戦犯を合祀する靖国神社に、現職の総理大臣などが公式参拝することが、中国や韓国などアジア諸国の反発を招き、いわゆる「靖国問題」となっている。

　昭和天皇は、1975年11月21日の最後の参拝まで8回靖国神社に足を運んでいる。天皇の靖国神社参拝中止の真相は現在でも謎である。A級戦犯合祀に反対していたからという説もあるが、天皇はA級戦犯者のことを「米国より見れば犯罪人ならんも我が国にとりては功労者なり」と語ったと言われている。

　A級戦犯被指定者で、後日政界に復帰した者もいる。有罪判決を受けた重光葵は鳩山内閣の副総理・外務大臣、賀屋興宣は池田内閣の法務大臣、A級戦犯被指定者の岸信介は内閣総理大臣になった。

1947年3月、ダグラス・マッカーサー連合国軍最高司令官は、早期講和を推進すべきだという声明を出した。しかし、国務省は時期尚早と考えていた。徹底的な非軍事化政策と戦争放棄を規定した憲法第9条によって日本は無防備になったため、米国は占領終結後の日本の防衛手段を考案しなければならなかったからだ。マッカーサーは、米国が沖縄を軍事要塞化すれば講和後の日本の安全保障を確保できると考え、講和後、日本に米軍基地を置くことにも日本の再軍備にも反対した。だが、この考えは米国政府には受け入れられなかった。

　ところが、米国政府内でも講和条約に関しては、国務省と軍部とで異なる哲学を持っていた。国務省は、日本の民主主義を維持・発展させ、その西側路線を堅持するためには、講和条約の早期締結しか方法がないと考えていた。一方、軍部は、日本が民主主義的な国だと考えず、占領の継続を主張した。そういう軍部の真の狙いは、日本の軍事基地を自由に使用できる権利を維持することだったのだ。基地を獲得できれば、日本に再軍備を強制する必要もなくなる。つまり、国務省と軍部の溝を埋める鍵は、占領後も米軍駐留を継続することだった。

　朝鮮戦争の勃発で、日本再軍備論が再燃した。マッカーサーは、憲法上の制約にもかかわらず日本は不可侵の権利として自衛権を持つと主張し、日本政府に対して7万5,000人から成る警察予備隊を新設し、海上保安隊の人員を8,500人増強するよう指令を出した。

　吉田茂首相は日本国内の再軍備反対派の批判を封じ込め、外国の反日感情を融和するために、平和主義国家というイメージを作り上げなければならなかった。さらに、共産主義の浸透を食い止めるため、再軍備よりも経済復興を重視した。それにより、米国の日本に対する早急な再軍備要求に歯止めをかけ、押し付けられた日本再軍備の代償としてより多くの援助を要求した。米国にとっては、日本軍国主義が再び台頭するのではという近隣諸国の懸念を払拭する

第4章 日本再軍備・サンフランシスコ講和への道

ためにも、平和主義国家日本というイメージが必要だった。日本の主要な目的は、日米関係に亀裂を生じさせない範囲内で、最低限の防衛貢献をする均衡点をみつけることだった。戦後、世界最強の国である米国と付き合うにあたり、アジアという不安定な地域で、2つの巨大共産主義国家（ソ連と中国）に隣接している同盟国として、日本は安全保障面と経済面での脆弱性を逆に最大の資産として利用した（いわゆる弱者の恐喝）のである。

1952年4月、海上警備隊が海上保安庁（1948年に運輸省外局として創設）に創設された。8月にはこれと前述の警察予備隊を管轄する保安庁が創設され、1954年、それが発展した自衛隊が設立された。

ダグラス・マッカーサー連合国軍最高司令官

左からオマー・ブラッドレー初代統合参謀本部議長、ルイス・ジョンソン国防長官

再軍備と基地化

　GHQ諜報部長のチャールズ・ウィロビー少将は、かなり早い時期から将来の日本再軍備のために、服部卓四郎元陸軍大佐を中心とした元日本軍将校を顧問として集め（服部グループ）、将来の米ソ戦争を想定した軍事作戦を練っていた。このウィロビーと吉田茂首相の連絡役には、吉田の軍事問題における私的顧問となった辰巳栄一元陸軍中将があてられた。彼ら元日本軍将校は高い自立性を持つ独自の軍隊を持つべきだと主張し、ウィロビーにいたっては海上保安隊を4個師団にする計画も立てていた。第8軍司令官のロバート・アイケルバーガー中将は、日米安全保障協定を締結して、日本に20万人の陸軍、小さな空母を備えた中規模海軍、少なくとも100機から編成される空軍の創設など、熱心に再軍備を主張した。

　中国が朝鮮戦争に参戦し、国連軍が不利になると、マッカーサーは旧満州への核攻撃を提唱し、ハリー・トルーマン米国大統領と対立した。そして、トルーマンは1951年4月11日、マッカーサーを解任、その後任となったマシュー・リッジウェイがサンフランシスコ講和を成就させた。

ジョージ・ケナン国務省政策企画室長

ジョン・フォスター・ダレス講和特使（後に国務長官）

　1947年時点で、ジョージ・ケナン国務省政策企画室長は日本との講和条約が時期尚早と考えていた。彼は、占領を継続し連合軍を日本に駐留させるか、日本再軍備を許容すべきだと思っていたからだ。

　1950年6月、オマー・ブラッドレー初代統合参謀本部議長とルイス・ジョンソン国防長官が訪日し、講和後も米軍の駐留継続を求めた。2人と会談したマッカーサーは持論を覆し、日本全土を米軍が自由に移動できる潜在的基地とみなさねばならないという画期的な提案を行った。

　1951年1月末から2月にかけて、ジョン・フォスター・ダレス講和特使は吉田茂首相との会談に臨んだ。ダレスの最重要課題は、吉田に講和後の米軍駐留を認めさせることであり、再軍備の言質をとることだった。吉田はどちらも承諾した。陸軍省など米国強硬派は、再軍備に関して20万〜30万人規模の自衛軍創設を提唱したが、吉田は5万人の治安部隊を「再軍備計画の第一段階」としてダレスに示し、合意に達した。

皇居前広場での第23回メーデー（1952年）

労働組合

　マッカーサーは日本の民主化にとって労働組合の育成が重要だと考えていたが、終戦当初の経済混乱のため、労働運動は期待したような方向には発展しなかった。労働運動が最高潮に達したのは、1947年2月に数百万人のデモが予定されていたゼネスト要求だった。ゼネストが日本経済を麻痺させる可能性があったので、GHQはやむを得ずスト中止命令を出した。マッカーサーは、急進的扇動者が政治的理由によって労働者を利用していると非難した。それ以来、急進的労働組合に対する風当たりはきつくなった。

　1950年6月、朝鮮戦争が勃発すると共産主義の脅威が公に語られるようになり、GHQは日本共産党に対する弾圧を強めていった。また、1952年4月28日のサンフランシスコ平和条約発効後も、日本炭鉱労働組合や日本電気産業労働組合など左派系組合を中心に大規模ストが頻発したが、失敗に終わることが多かった。しかし、いわゆる高度経済成長が始まった1950年代半ばからは、生活水準の向上などによって急進的勢力は下火になっていった。

羽田空港に到着した吉田 茂ら講和条約全権代表団一行

講和会議

　1951年9月4日〜8日、52カ国の代表が参加して米国サンフランシスコ市戦没者追悼記念オペラハウスで講和会議が開催された。しかし、インド、ビルマ、ユーゴスラビアは参加を拒否し、中華民国代表を招請しようとした米国と中華人民共和国代表を招請しようとした英国の間で意見調整ができず、結局どちらも招請されないというアクシデントがあった。

　日本からは吉田 茂首相（自由党）を首席全権とし、池田勇人蔵相（自由党）、苫米地義三（国民民主党）、星島二郎（自由党）、徳川宗敬（参議院緑風会）など主要野党からも2名の全権委員を選出し、一万田尚登日銀総裁を加えた合計6名で全権代表団を構成した。後に総理大臣となる若き宮沢喜一は、池田蔵相の秘書官として随行している。

　講和会議終了後、吉田首相だけがサンフランシスコ郊外のプレシディオ陸軍基地に移動し、9月8日に日米安全保障条約に調印した。しかし、他の随行者は、日本人に人気のない占領終結後の米軍駐留を取り決めた日米安保条約の調印式には参加しなかった。

平和条約発効と日本国憲法施行5周年を祝う式典会場

独 立

　1952年、日本は二重の喜びに沸いた。まず、1952年4月28日にサンフランシスコ平和条約が発効し、連合国の対日占領に終止符が打たれたことだ。ソ連・ポーランド・チェコスロバキアは講和会議が米国主導だったことに反発して講和条約に署名せず、49カ国の署名しか得られなかった。

　次に、1947年5月3日に施行された日本国憲法の5周年にあたることである。元々、日本政府が新憲法草案作成に着手したが、劇的な民主化を進めることができなかった。そこで、1946年2月3日、マッカーサーは象徴天皇制・戦争放棄・封建制度の廃止という「マッカーサー三原則」を新憲法の必須要件とし、GHQ民政局に憲法草案作成を命じた。民政局次長チャールズ・ケーディスを中心に28名のスタッフが、2月4日から1週間で憲法草案を作成し、2月10日にマッカーサーに提出した。若干の修正作業を経て、2月12日にGHQ草案が完成した。

お言葉を述べられる昭和天皇

式典に列席する吉田 茂

GHQ 占領下の日本と経済復興

大日本帝国憲法では天皇が主権を持っていた。だが、1947 年 5 月 3 日に施行された日本国憲法では、国民が主権を持つこととなり、天皇は「日本国の象徴であり日本国民統合の象徴」と定められた。それ以後、戦後民主主義を象徴するかのように、天皇は毎年恒例の春の植樹祭に皇后陛下とご臨席されるようになった。

1952 年 4 月 28 日、サンフランシスコ講和条約が発効し、5 月 3 日には、日本国憲法施行 5 周年と併せて記念式典が行われた。この式典で天皇は「過ちをふたたびせざることを、堅く心に銘すべきであると信じます」と、平和を希求する日本国民の声を代弁された。

ところが、当時の日本はまさに「激動」という言葉がぴったり当てはまる状況であった。特に経済復興は極めて難しい問題だった。日本政府は経済を運営する機関として 1946 年 8 月に経済安定本部（ESB）を、基幹産業への産業資本を融資する機関として、1947 年 1 月に復興金融金庫（RFB）を設立した。石炭・鉄鋼のような重点領域産業の生産はこの両機関を中心とする計画経済によって増えたが、RFB はその資金を日本銀行に依存したため、これがインフレーションの原因となった。占領の初期段階では増産が最大の目標だったのが、1948 年頃から米国政府内では、インフレーション抑制の重要性が強く認識されるようになり、日本政府に対して経済安定化政策の実施を迫った。

占領初期に成功をおさめた民主化と非軍事化政策を確固たるものにするために、トルーマン大統領は中間指令という強制力のある経済安定 9 原則を発令し、その実施責任者として、デトロイト銀行頭取ジョセフ・ドッジを日本に派遣した。ドッジは 1949 年度予算編成で、一般予算、特別会計、その他の政府関係機関、地方自治体予算などすべてを統括した総合予算で赤字を出さない、厳格な緊縮財政予算をたて、実施した（ドッジ・ライン）。ドッジ・ラインにより、それまで日本経済を悩ませていたインフレーションは一気に収束し、歳入超過となったものの、倒産があいつぎ、官民合わせて 90 万人以上の解雇が行われた。それがいわゆる「ドッジ不況」の到来である。

ESB は均衡財政の必要性は認識していたものの、ドッジのような一挙安定方式には反対した。安定化だけに焦点を絞り、資本蓄積を怠ることにより、短期的にはデフレーションとなり、長期的には経済復興に悪影響をおよぼすと警告したのだ。しかし、ドッジは均衡財政の確立を最優先し、住宅、教育、福祉などは後回しにした。日本政府内でも、生産増強を第一義的目的とする ESB 主導の経済政策と、戦後一貫して均衡財政を提唱してきた大蔵省・日本銀行とで対立があったが、ドッジ・ラインは後者を大いに助勢した。こうして、金融界主導の新しい日本経済構造ができ上がっていった。

ドッジ・ラインの中核は、日本を世界経済体制に復帰させるために自由主義的経済体制を形成することだった。まず、輸出活性化のために＄1＝¥360 という円安の単一外国為替レートを設定した。また、ドッジは、日本経済復興のためには日本とアジアの経済連携が不可欠だと認識していた。そのため、中国共産党の台頭という混乱した状況の中で、経済的相互補完関係にあり、地理的にも輸送費を抑制できる東南アジアとの経済リンケージが注目された。これが効率よく機能するためには、東南アジアの政治

第5章 経済復興の礎

的安定が必要だったが、この地域は民族解放闘争などで大変不安定だった。そのため、米国は1949年頃までには、日本経済を復興するため、主に東南アジアに政治的安定をもたらすことに焦点を絞るようになった。

ドッジ・ラインは、日本経済体制を計画経済から自由主義経済に移行させ、日本経済を世界経済とリンクさせたという点で、米国の対日占領政策の転換点といえる。だが、この政策の成果は、米国が日本と東南アジアの効率的な経済リンケージを樹立するために、東南アジアの政治的安定をもたらすことができるか否かにかかっていた。米国の対日占領政策こそ、「アメリカの最も長い戦争」とか「米国史上最も汚い戦争」との異名を持つインドシナ戦争（ヴェトナム戦争）の起源だった。

また、1950年6月に勃発した朝鮮戦争によって、日本に特別需要（朝鮮特需）がもたらされた。日本銀行によると、朝鮮特需の額は1950〜1953年の4年間で約24億ドルに達し、ピーク時には輸出総額の3分の2、外国為替受取高の40％ほどを占めるまでに至っている。朝鮮戦争は日本経済にとって、まさに「天佑」というべきものになった。

だが、その朝鮮戦争は一進一退の攻防だった。そこで、ダグラス・マッカーサーは、中華人民共和国の東北地方（旧満州）への原爆攻撃を提唱し、ハリー・トルーマン大統領と対立、結果、1951年4月11日に解任されている。

マッカーサーはカリスマ的存在で、日本人の間に絶大な人気を誇り、離日の際には空港までの沿道で20万人の国民が見送った。後任にはマシュー・リッジウェイ中将が就いた。

コーヒーは50円

　トレーシー・ヴォーヒーズ陸軍次官は、日本を経済復興させるには、東南アジアから共産主義を排除し、日本の主要な通商相手国として復興させることが重要だと説いた。彼はアジアとの緊密な経済関係を形成できなければ、日本経済は米国の経済援助に依存しつづけると主張したのだ。具体的にいうと、アジアには日本製品に対する無尽蔵の需要があるが、それを購入するための外貨が不足していたので、東南アジアへ日本製品購入のための信用を供与すべきだと勧告した。

　米国は東南アジアに直接的利害関係はなかったが、日本の非軍事化と民主化を確固たるものにするためには経済復興が必要だった。その目的を達成するために、米国はこの地域が政治的に安定するように介入せざるを得なくなった。このように、米国がいったん東南アジアに介入し始めると、その関与の度

ジョセフ・ドッジGHQ経済顧問（右）

合いが徐々に膨れ上がっていった。

　こうした米国の対アジア政策とともに、日本経済に大きな影響をもたらしたのが、いわゆるドッジ・ラインと呼ばれる財政金融の引き締め政策であった。

　第二次世界大戦後、日本は激しいインフレーションに見舞われた。1945年に1杯5円程度だったコーヒーも1950年には25円〜30円程度になり、50円になっているということは、1955年頃から1958年頃の写真だと思われる。

　このインフレーションを一気に収束させたのがGHQの経済顧問としてアメリカからやってきたジョセフ・ドッジだった。ドッジは、日本政府が望んでいた減税を認めず、歳出を徹底的に切り詰めて均衡財政を達成した。日本経済は、これ以降、十数年にわたり、借金に依存しない予算が組まれた。

敗戦により、日本人はどん底にたたきおとされた。日本は国土の45％とその資産を失い、その結果、鉄鉱石の79％、石炭の54％、大豆の54％の供給源を喪失した。空襲などの被害では、火力発電の30.2％、ガスの31.5％、石油精製の58％、船舶の71.9％もの損害を被っていた。一面の焼け野原となった日本は、極度のインフレーション、深刻な食料不足、伝染病を含む疾病に悩まされるなど、悲惨な生活が続いた。

　占領が始まると、除隊された兵士を含め、700万人の海外在留日本人が帰国を待ち、そのうち、1946年末までに507万人以上の者が帰国した。職もなく食料も不足している狭い国土で人口だけが増え、失業者や生活困窮者はますます多くなっていった。1945年11月16日、厚生大臣は復員および失業者が1,324万人（他に女子75万人）で、政府の対策後も600万人の失業者が見込まれると発表した。当時、日本全体が意気消沈、社会は混乱し、アルコール中毒、麻薬、犯罪などが蔓延していた。

　1945年12月、外務省は、将来の世界経済はソ連経済圏と英米経済圏に二分され、アジアでは米国が支配的な影響力を行使するようになり、技術革新などにも優れるので、日本は英米経済圏に入るべきだと主張した。さらに、狭い国土で多くの人口を支えるためにも、日本は米国に依存しつつ国際社会に復帰するのが最良の策だと考えた。一方、商工省は、1930年代の生活水準を回復するためには、輸出を伸ばして重化学工業に重点を置くべきで、そのためにも進んだ技術を積極的に導入する必要があり、経済の民主化とハイテク化を同時進行させるべきだと提言した。日本が敗戦から学んだのは技術革新の重要性であり、英米経済圏に属すことで、米国から積極的に優れた技術を得ることだった。

　占領下の日本は、国際社会から一時的に離脱したため、厳しい国際競争に直面しなかった。この状態は終戦直後の混乱期には好い結果を招いた。連合国が日本の貿易を管理していたので、多大の貿易赤字に苦しむことはなく、米国からの援助で穴埋めされていた。この援助額は1947年には4億400万ドル、1948年には4億6,100万ドルに達し、1947年度輸入額の92％、1948年度輸入額の75％にのぼる。

第6章
急速に発展を遂げた東京

　日本の貿易は1937年より下降傾向にあったが、GHQによる管理貿易のおかげで、貿易活動は活発になった。1946年から1950年まで、日本の商品輸出は毎年50％から90％の割合で増加した。いわば、日本経済は、貿易面では世界経済の荒波にのまれることなく、連合国の保護下で経済的温室にいるようなものだった。また、占領軍の駐留は外部からの脅威に対する軍事的盾となり、多額の軍事費を使う必要もなかった。

　このように経済的にも軍事的にも保護されていたので、GHQが急進的な社会改革を実施し、日本が西洋化に専念できたのだ。日本は民主主義国家へと変化する最初の困難な時期に、国内および外国からの安全保障上の脅威を心配しなくてよいという非常に恵まれた環境だった。このような環境にあったからこそ、東京は急速に発達を遂げることができたのである。

連合国軍総司令部(GHQ)庁舎

中央を走るのは日比谷通り、その右側のビルがGHQ本部の第一生命館である。屋上には米国旗がはためいていて歩哨が小さく見える。このビルは改装されて、現在はDNタワー21となったが、当時の総司令官室は保存されている。通常は一般に公開されていない。

GHQ本部を出るマッカーサー元帥

連合国軍最高司令官ダグラス・マッカーサー元帥（左、1951年11月解任）が、GHQ本部から出てきたところである。日中だが、トレードマークのサングラスはしていない。

日比谷交差点

60ページと同じ米軍憲兵(MP)司令部が入っていた日比谷交差点角の帝国生命ビルから撮った写真。右手にGHQ本部があり、その先の帝国劇場の演目から1952年、GHQが撤収した年と分かる。

日比谷通りを走る都電

馬場先門と東京商工会議所を結ぶ横断歩道から日比谷通りを南に向けて撮影している。左側には手前から東京會館、少し行ってGHQ本部、正面には前ページ写真の撮影ポイントである米軍憲兵司令部が見える。

ガード越しに見る銀座

日比谷交差点角の帝国生命ビル屋上から写している。国鉄のガードが晴海通りを跨ぎ、その向こうに左から日劇、和光が見える。
右に森永製菓の球形大型広告塔ができているので、占領軍が撤収する直前の1952年の風景である。

ボリアがこの屋上から撮った帝国生命ビル

撮影者のボリアが日比谷界隈を盛んに撮ったのが、このビルの屋上からである。当時は米軍憲兵司令部が接収していた。返還後、ここは朝日生命ビルを経て、現在は日比谷マリンビルとなっている。占領当時は不良外人のたまり場だったともいう。

帝国生命ビル

この写真は、現在の有楽町電気ビルの前あたりから同ビルを撮っている。映画の看板から、GHQが撤収する1952年の撮影であろう。

1　日本劇場の映画看板

この写真は日本劇場（現在のルミネ有楽町の場所にあった）で、壁面に映画『続 佐々木小次郎』の大看板が掲げられている。歌舞伎の四代目中村雀右衛門主演による『佐々木小次郎』3部作の一つで1951年春に上映された。次頁の2はその日本劇場前で扮装した宣伝隊が本の宣伝をしている。プラカードには自由国民社の『現代日本の人物事典』（廉価150円）とある。

2　日本劇場前での本の宣伝隊

銀座晴海通りのよしずの日除け

数寄屋橋から銀座4丁目交差点に向かう晴海通りの4丁目側の歩道である。富士銀行の看板のところで晴海通りと直交しているのが並木通りである。

銀座東芝ビル（現在の東急プラザ銀座）前にあったゲート

銀座東芝ビル（現在の東急プラザ銀座）前

数寄屋橋近くから銀座4丁目交差点の方を見ている。正面左が和光で、その左並びにある天賞堂の上には「ニッパス」の看板が掲げられている。これは結核撲滅に貢献した戦後の新薬である。

5丁目の銀座通り

銀座通りとみゆき通りの交差点から京橋方面を写している。松坂屋（現在のGINZA SIX）の角から撮っている。銀座通りの商店はほとんどが2階建てで、和光と教文館がひと際大きく見える。

埋め立てられた三十間堀川

当時の松坂屋屋上から東銀座を眺めている。細長いバラック群が三十間堀川跡地。空襲被害で発生した大量の瓦礫を処分するために埋め立てられたもので、左端の三原橋には、その橋脚を利用した地下街ができた。

銀座4丁目交差点界隈

当時の松坂屋屋上から見たもので、右側の角、工事中の建物が銀座三越になる。その斜向かいの三愛はまだ2階建てで、現在のような三愛ドリームセンターになるのは1963年のこと。鳩居堂との間に立つナショナルの広告塔だけが目立っている。

銀座の裏通り

銀座7丁目の西五番街。花椿通りから撮っている。右側奥に見えるのが交詢ビル。建物はすっかりビルに様変わりし、その中には銀座を代表する高級クラブがひしめいている。

外堀通り（電通通り）

新橋駅方面を背に外堀通りを写している。左に文藝春秋社、右手の先に電通のビルが見える。この通りは俗に電通通りとも呼ばれていた。広告業界の人たちがここをせわしなく駆け回っていたところからきた名である。

人力車に乗った米兵

銀座の中心、4丁目交差点である。GHQはここをタイムズ・スクエアと呼んだ。そのタイムズ・スクエアでMPと日本の警官が一緒に交通整理にあたり、三越で大量に買い物をした米兵を乗せて人力車が走っていく。写真奥に「TOKYO PX」というビルが見える。これはGHQに接収されていた松屋で、GHQとその家族専用の店となっていた。三越の脇には、1947年暮れに上映された『ジェーン・エア』のポスターがかすかに見える。

銀座通り

銀座通りの横断歩道（松屋の北）から京橋方面を見ている。右側には文房具の老舗・伊東屋が見える。正面奥の赤っぽいビルは京橋3丁目東南角の第一生命保険相互会社である。

和装の老人

この老人が羽織っているのはトンビという。ケープのついた袖のないコートで、洋服にも和服にも着用できる。明治時代の文豪といったイメージだが、現在はほとんど目にすることはない。

京橋と銀座の境になるテアトル東京（後の銀座テアトルビル。2014年に解体されている）の前に、自由の女神像が建っている。これは1951年に東京で開かれた「アメリカン・フェア」の折に建てられたものだが、映画『白熱』が日本で公開されたのは1952年12月なので、女神像はしばらくこうして残されていたということになる。

自由の女神

銀座で写生をする小学生たち

胸に黄色い名札をつけた銀座の子どもたちが通りをスケッチしている。近くの城東小学校の児童であろうか。左は銀座1丁目、京橋の南端になる。写真右手に銀座1丁目交番ができるのは東京オリンピックの開催された1964年になる。右の場所は不明だが、子どもたちの様子からして左の近くと思われる。

京橋交差点

京橋の交差点から中央通り（銀座通り）を日本橋方面に向けて撮っている。リヤカーの進行方向が鍛冶橋になる。都電22系統（南千住―新橋間）と5系統（永代橋―目黒駅間）がこの交差点でクロスしていた。

第一相互館

中央区京橋交差点にあった第一相互館は1921年竣工。近代建築の先駆者である辰野金吾の最期の作品となる。
現在は2012年竣工の相互館110タワーとなっている。

京橋から銀座方面を望む

京橋1丁目から中央通りを銀座方面に向けて撮っている。京橋の千代田生命が右手に見え、その向こうにOSS（海外供給物資販売所）とあるのは、GHQに接収されていた明治屋で、米軍家族向けの日用品が販売されていた。

日本橋の中央通り

日本橋高島屋の前から中央通りを京橋方面に向けて撮っている。通りの左奥にブリヂストン、右奥に越前屋が見える。いずれも日本橋と京橋の境にある八重洲交差点角のビルである。

八重洲交差点

東京駅八重洲口から東に延びた八重洲通りと中央通りの交差点である。左端の建築中のビルの場所には、今ではキリンの銅像でお馴染みのスターツのビルが建っている。その並びの奥に丸善が見える。

日本橋川にかかる一石橋

左から日本銀行、日本橋三越、東京銀行。日本橋川はここで手前の外堀川と分かれて永代橋の脇から隅田川に出る。手前に見える外堀川は、今は埋め立てられている。

一石橋から下流を見る

日本橋川は近代まで都心に直結した水運の要だったが、今ではほぼ全流域が首都高速に覆われている。隣りの西河岸橋越しに、日本橋を渡る都電がかすかに見える。正面の建物は野村証券。

日本橋から上流を見る

日本橋の橋詰から見た日本橋川。まだ水運が重要な役割を果たしていたのが分かる。この左手には、缶詰でお馴染みの国分のビルがある。占領下ではGHQの民間財産管理局が入っていた。

築地川東支川

築地の波除神社わきの海幸橋から築地川東支川と築地場外を写している。米倉水産と玉八の並びの少し先に見えるのが小田原橋である。

東京都中央卸売市場築地市場

巨大市場といえば、ターレと呼ばれる小型三輪車があわただしく動き回るさまを思い浮かべるが、それは1965年以降のこと。この当時はもっぱらオート三輪が主役だった。

築地市場の案内図

晴海通りから市場に入るには海幸橋を渡る。橋を渡った入り口に立てられていた市場の案内板である。案内板の左横から銀座方面のビルがかすかに望める。

有楽町の映画街（1953年）

映画街の正月風景。両映画館の上にはできて間もない日活国際会館が見える。右のスバル座は、この年、火災で焼失する。13年後の1966年に「有楽町スバル座」として復活を果たした。

鍛冶橋巡査派出所（1953年1月）

壁のカレンダーは1953年1月とあるので正月の風景である。この交番は、鍛冶橋交差点の南西の角にあったが後に廃止された。

三菱21号館

丸の内にできた最初の鉄骨鉄筋コンクリートのビル。当初は4階建てだったが、後に5階部分を増築した。戦後、GHQに接収される。返還後まもなくして、このブロック全体に新東京ビルが建てられた。

丸の内から有楽町方面を見る

写真右側は、2006年7月に取り壊された丸の内八重洲ビル（現在は丸の内パークビルディング）から南側を写している。当時、このビルはGHQに接収されていた八重洲ホテルという名で、兵士の宿舎として使われていた。

丸の内から有楽町方面を見る

この写真は中央郵便局と三菱ビルの間の横断歩道から南側を撮っている。左に中央郵便局、三菱銀行本店、右に三菱本館、丸の内八重洲ビル、赤レンガの三菱商事ビル（三菱1号館）と続いている。

東京駅丸の内南口

丸の内南口で、映画『自由学校』松竹版の宣伝をしているカップル。

桜田門の前で

桜田門外のお堀端でくつろいでいるのは母子だろうか。下駄履きの出で立ちから、近くに住んでいたと思われる。遠くに見えるのは国会議事堂、焼け跡は旧陸軍省か。

霞ヶ関官庁街

虎ノ門交差点から桜田門通りを見ている。霞ヶ関はGHQの指導で官庁の合同庁舎化が進められた。正面に見える大きな建物は中央合同庁舎1号館で1954年にできた。この年、防衛庁も発足している。

新宿通り

紀伊國屋書店の脇から新宿通りを挟んで高野果物店や中村屋を写している。右端にグリーンベルトが見えるが、これは廃止された都電角筈(つのはず)線の跡である。

神田神保町の大根売り

右側の並びに「学生のデパート 三省堂」という看板が見える。ここは本の街・神田神保町、靖国通りから1本入ったすずらん通りである。正面には救世軍本部のビルが見える。

渋谷駅東口前

渋谷駅前を通る明治通りと宮益坂の交差点を、いま10系統の都電が右に曲がろうとしている。渋谷には一番多い時で4系統の都電が通っていた。上の黒い部分は地下鉄銀座線の高架である。

渋谷道玄坂

道玄坂の歩道に露店の飲み屋がびっしりと並んでいる。写真奥、坂を下っていくと渋谷駅に出る。当時の道玄坂は渋谷の中心でもあった。車道はアスファルトではなく敷石が詰められている。

第二次世界大戦中、学童疎開をしていた子どもたちは野草を摘んだり、サワガニを捕らえたりして飢えをしのいだ。1945年の食料事情は非常に悪く、食料輸入量は、1941年に最高の436万トンに達したが、1945年には185万トンにまで落ち込んでいた。1945年の米の収穫高は645万トンで、30年来の大凶作であった。食料不足は深刻で、1946年5月1日には日本全国で100万人以上が食料を求めるデモに参加した。11月中旬までの主要都市での餓死者は約750人と新聞で報じられ、その中には多数の子どもが含まれていたことも推測される。

　1945年8月に敗戦を迎え、日本は国全体が混乱していたが、子どもたちに対するしわ寄せも大きかった。戦災孤児や引き揚げ孤児などの子どもが多く見られ、タバコの吸殻を集めて再生し、闇市で売ったり、靴磨きをしたりして日々暮らしていた。けれどもそうした糧を得る手段を持たない子どもも多く、戦時中から戦後にかけて窃盗などの少年（18歳未満）犯罪が激増した。しかし、敗戦の混乱期においても絶望したり、自暴自棄になったりすることなく、明日の夢を目指してたくましく生きる子どもたちもいた。凧を揚げ、野草で遊び、兄弟や友人たちが力をあわせ懸命に生きていた。日本の復興、日本の将来はこの子どもたちの肩にかかっていた。

　そんな子どもたちも交じえ、復興の過程で市民は次第に娯楽にも目を向ける余裕が出てきた。大学野球（1945年）、実業団野球（1946年）、中等学校野球（1946年）などが復活し、1946年には、8球団15回戦総当たりの1シーズン制でプロ野球も開幕した。紙芝居も終戦後の子どもの娯楽の一つとして親しまれた。昭和20年代中盤には全国で5万人ほどの紙芝居屋がいた。映画も終戦後の日本人の心に夢と希望とロマンを与えた。1946年9月には丸の内名画座、12月にはオリオン座、スバル座もオープンした。時代劇は民主化に反する封建的なものとして上映禁止のものも多かったが、村上元三原作の剣豪小説『佐々木小次郎』は、1950年に封切られた『佐々木小次郎』を皮切りに何度も映画化された。

　1956年12月18日、日本は80番目の国として国際

第7章
東京の庶民の生活

連合に加盟する。しかし、その5年前の1951年、日本はすでに国際連合の専門機関であるユネスコに加盟していた。これを記念し、同年9月16日に埼玉県所沢市にユネスコ村が開園する。当時、娯楽の少なかった日本人にとって、オランダの風車がシンボルマークのユネスコ村は人気の高い行楽地だった。

インフレーションは経済復興の最大の障害であった。1945年9月から1948年8月の間に物価は7倍以上に跳ね上がっていた。このインフレーションを一気に抑え込むべく1949年に実施されたドッジ・ラインと、1950年に勃発した朝鮮戦争による特需景気をテコにして、日本の経済復興は本格化し、1950年代半ば以降、高度経済成長を迎えることとなった。

しかし、復興はいばらの道だった。市民ひとりひとりが、今日の糧を得るために、知恵を絞り、ありとあらゆる業を営んでいたのである。個々の市民の地道な努力が積もり積もって、日本全体の経済復興へとつながっていったのである。

京浜東北線大井町駅のホーム

当時、東急大井町線への乗換えは、いったん駅を出なければならなかった。

荏原町商店街

東急大井町線荏原町駅から南にこの商店街は延びている。写真は駅の方を向いて撮っている。当時は、バスがこの商店街を通って駅前まできていたため、バス利用の馬込界隈の人たちも吸収して、この商店街は賑わった。

世田谷区奥沢の商店街

奥沢駅前を走る自由通りである。前に進むと踏切があり、その右が駅になる。その先、正面奥には自由が丘駅の東横線の高架が見える。当時の奥沢の商店街は、ずいぶんと賑わいがあったようだ。

洗足池

戦後、花見の時期には占領軍とその同伴者で洗足池のボートがほとんど占められてしまったという。現在は利用者も減り、この売店もすでになくなった。池の向こうの左端辺りに池上線洗足池駅がある。

洗足池駅脇のガード下

洗足池駅は、出口が中原街道に面した北側にある。南側の住宅地に行くには、中原街道を背にこの池上線のガードをくぐる。商店はすっかり様変わりした。

雪ヶ谷大塚駅前巡査派出所

東調布警察署（現在の田園調布警察署）管轄の交番である。戸は取り外して写真右端に立てかけたままである。当時の交番は冬でも開けっ放しが普通だった。奥に見える電話器が懐かしい。

武蔵小山のお菓子屋

商店街の入り口にあった菓子店である。この店は頻繁にチンドン屋を入れて宣伝に努めたという。撮影者であるボリアには珍しい光景であったろう。

北千束駅西側のガード

東急大井町線の北千束駅から大岡山に向かってすぐのガードを、芋虫のような電車が渡っている。

大岡山から見た東工大

目黒の大岡山と緑が丘の境界付近を流れる呑川わきの風景である。遠くに東京工業大学の本館が高くそびえている。

大井町線ガード下の住宅

大岡山駅を出た東急大井町線が、奥沢駅に向かう東急目黒線と分岐し、緑が丘駅に入る直前のガードである。平成の時代に入るまで、このようなガード下住宅があった。右奥に見えるのは東京工業大学である。

緑が丘の街角

東工大の緑が丘キャンパスの北側にあった岡田運送店前の路上で、靴屋、鋳掛屋(いかけや)、桶屋などが商売をしている。後ろには荏原大映、旗の台ミリオン座、自由ヶ丘武蔵野館などの沿線の映画館で上映される映画のポスターが貼られている。

大雪の日比谷通り

かなりの大雪である。気象庁天気相談所が作成した「東京の積雪の深さの順位表」で戦後のデータを調べると、1位が1951年2月15日の33cm、2位が1954年1月25日の30cmとある。正面のGHQ本部の屋上には星条旗が掲げられているようなので、講和前の1951年だろうか。

縄のすべり止め

雪の銀座

雪の米軍住宅の前で

上は標識に「U.S.House No.183」とある。占領軍が接収したこの住宅はアメリカ大使館の近く、赤坂霊南坂町にあった。下は上と同じ少女たちである。雪像は雪ダルマではない。頭・胴・脚の3段重ねになった米国式のスノーマンである。

スノーマン

晴れ着で日比谷交差点を渡る

子どもの晴れ着は、今のように着付け教室や美容院などで本格的な着付けをするのではなく、多くは親の手縫いのものを簡単に着込んだ程度である。それでも、当時の日常着が貧しかったこともあって、晴れ着は文字通り晴れがましい気分をもたらしてくれた。

東京郊外の子どもたち

両手にいなり寿司

駄菓子屋で

運動会の昼食

子守りしながらママゴト

撮影者ボリアが日本にいた時代、路上には子どもたちが溢れていた。しかも、勝手気ままに遊び呆けていたのではなく、子どもなりの役割も果たしていたのである。特に女の子は、子守りや炊事をしたものである。現在の年配の方の多くには、母親以外の姉や近所のお姉さんに背負われた経験があるのではなかろうか。

紙芝居

紙芝居というアメリカにはない文化に、撮影者ボリアは強い興味を示したようである。太鼓や拍子木を叩いてやってくる。売るのは飴であった。戦後はGHQによって軍国主義的な内容や左翼思想が検閲されたが、むしろ人気は高まっていく。しかし、その人気も電気紙芝居（テレビ）に取って代わられた。

露店の駄菓子屋

草野球

皇居外苑で戦闘帽を被った少年と学生帽の少年が草野球をしている。真後ろのビル明治生命館は、1977年に「明治生命保険相互会社本社本館」として、国の重要文化財に指定されている。

行幸通りの南の石垣の上から、馬場先濠越しに丸の内のビル群が見える。当時はホームレスになって、こうした石垣の上に住む子どもたちもいた。

お堀端の子どもたち

談笑する老人と少年が腰を掛けているのは、竹橋付近のお堀端に建つ和気清麻呂像の台座である。2人とも戦闘帽を被っているのが時世を反映している。祖父と孫と思われるが、実に心あたたまるシーンである。

おじいちゃんと孫

多摩川園

東急線の多摩川駅そばにあった遊園地。関東大震災後の1925年に多摩川脇の湿地帯に造られた。大浴場に、宝塚のような劇場や専属の歌劇団、さらに大食堂もあった。この写真の撮られた戦後には、さまざまな電気仕掛けの遊戯施設を揃えたレジャーランドに変身し、季節に合わせたイベントも盛んに行われた。東京オリンピックの年に最盛期を迎えたが、次第に人気がかげり、1979年に閉園している。

風船と多摩川園映画劇場の案内板

多摩川園の観覧車

ユネスコ村は、1951年、日本のユネスコ加盟を祝って、西武園が世界各国の建物のミニチュアを再現したもの。1990年に閉園した。

ユネスコ村・西武園

日本橋三越の屋上

終戦から1960年代までの日本橋界隈は大変な賑わいを見せていた。高島屋、白木屋（後に東急百貨店、現在のコレド日本橋）、そして日本橋三越といった大手デパートの屋上には、さまざまな遊戯施設が造られ、子どもたちの歓声に満ちていた。

日本橋三越内のフラッシュバルブ写真撮影所

フラッシュバルブは、マグネシウムフィラメントを燃やして発光させる電球で、マニアでもない限り今は使われない。左側の壁には土門拳が1953年に発表した写真集『風貌』のポスターが貼られている。

洋画家 藤田嗣治

撮影場所はどこか分からない。藤田が日本を去ってフランスに渡るのは1949年であるから、その前の写真になる。当時では日本人離れした彼の衣装には目をみはるばかりである。

元宝塚歌劇団男役トップスター 越路吹雪

帝劇のコミック・オペラ第1回（1951年）と第2回（1952年）を飾ったのが、越路吹雪主演の「モルガンお雪」と「マダム貞奴」だった。この写真は、その頃のものと思われる。

コメディアン 古川緑波

戦前から「エノケン・ロッパ」と並び称された喜劇王である。1951年、帝劇のコミックオペラ「モルガンお雪」で越路吹雪と共演している。ボリアは、その折に両者を撮ったのかもしれない。

御木本幸吉

真珠王で現在の株式会社ミキモトの創業者である。社交性に富み、渋沢栄一とも深い交流があったという。床の間にはそれを証すかのように、渋沢栄一の雅号「青淵」の署名がある掛け軸がかかっている。

初代 中村吉右衛門

明治から戦後まで活躍した歌舞伎役者である。俳句もたしなみ、俳名を秀山と号した。娘婿である8代目松本幸四郎の次男を養子として跡を継がせた。これが二代目中村吉右衛門である。1951年に文化勲章を受賞しているが、写真はその頃のものか。

パーマ

パーマネント自体は戦前からあったが、一般に普及したのは戦後になる。完成まで時間がかかるので、居眠りもしたくなろう。漫画サザエさんのパーマは今では奇妙に見えるが、当時の流行でもあった。

新聞スタンド

東京都心と思われるが場所は不明。新聞配達があまり普及していない外国の街角には今でも見られるが、日本ではキオスクやコンビニに取って代わられてしまった。

新聞と宝くじ売り

新聞や宝くじのスタンド。後ろのショーウィンドーにPILOTとあるので、京橋の年末の風景である。「四百万円後二日で」「スリ万引　活躍」「暮れの災難」などの文字が躍っている。

宝くじ売りのお婆さん

政府宝くじ売り場。政府宝くじは1945年10月から1954年まで販売された。

丸の内の馬車

荷台に観葉植物を満載した馬車が丸の内の通りを行く。戦後の混乱から少しずつ落ち着きを取り戻し、オフィスにも潤いが求められるようになった一方で、まだ馬車が活躍していたのである。

丸の内の大八車

丸の内の通りを、観賞用の鉢植えを載せて、今度は馬車ではなく人力で運んでいる。それもリヤカーではなく大八車とは当時でも珍しいし、鉢への衝撃も大きかっただろう。

ブラシ売り

場所は不明だが、かすかに高級そうな車が見える。おそらく東京都心であろう。積んでいるのはブラシと羽根ハタキである。復興期のオフィスにさまざまな需要が生まれてきているのが分かる。

樽屋

積んでいるのは漬物樽のようである。当時、樽は食品を扱う多くの分野で使われていた。新品には見えないので、樽のレンタルや補修などをする業者であろうか。夏なのでいくら洗っても匂ったことだろう。

ふんどし一丁の大工

建物の骨組みはでき上がっている。昔だってこんな格好で仕事をするはずはないので、上棟式の折に一杯ひっかけていて、ちょっとだけ補修でもしているのだろうか。

ウナギの蒲焼き風景である。ボリア には珍しかったのだろうが、写され る彼らにとっても外国人に写される ことはめったにないことで、ちょっ と照れているようだ。くたびれた戦 闘服姿がこの時代を感じさせる。

街頭での蒲焼き風景

GHQは、日本刀を含むすべての武 器を全国各地から接収した。いわゆ る戦後の刀狩りである。同時に刀剣 の製作も禁じたが、独立後の1953 年に文化庁長官の承認を得れば作 刀できるようになった。写真は刀を 研いている風景なので、刀工ではな く研ぎ師だと思われる。いずれにし ても、撮影は日本の独立以後のこと になる。

刀研ぎ

マミヤの二眼レフカメラ

二眼レフの名機といわれたローライを追うように、1950年頃から日本製の二眼レフも次々と登場した。その代表といえるのがこのカメラ。世界に通用する日本製品がようやく登場しだしたのである。

報道カメラマン

戦後の報道カメラマンの多くは、スピグラ（スピード・グラフィック）と呼ばれるこのような大型のカメラを使っていた。しかし、東京オリンピックの頃までには、世界に誇る日本製35mmカメラに取って代わられていった。

関連年表　1945-1957

1945（昭和20）年
2月4日　米英ソ3国の首脳によるヤルタ会談が11日まで開かれ、対独戦後処理やソ連の対日参戦などが決定される。
3月10日　東京大空襲。死者10万人以上。以下、3月13日大阪、3月17日神戸、5月14日名古屋空襲。5月15日、東京都内大半が空襲により焼失。
4月1日　米軍、沖縄本島に上陸。
5月8日　ドイツ、無条件降伏。
7月17日　米英ソの首脳、ドイツのポツダムで会談。7月26日、「ポツダム宣言」発表。
8月6日　B29「エノラ・ゲイ」、広島に原爆投下。
8月9日　B29「ボックス・カー」、長崎に原爆投下。
8月15日　正午、天皇によるポツダム宣言受諾の放送（いわゆる「玉音放送」）。鈴木貫太郎内閣総辞職。
8月30日　連合国軍総司令官マッカーサー元帥、厚木飛行場に到着。
9月2日　重光葵外務大臣、米軍艦ミズーリ号艦上にて降伏文書に調印。
9月27日　天皇、東京・赤坂の米大使館にマッカーサー元帥を訪問。
10月24日　国際連合正式発足。
12月9日　GHQ、農地解放を指令。

1946（昭和21）年
1月1日　天皇、詔書で自らの神格を否定（いわゆる「人間宣言」）。
2月19日　天皇、全国巡幸開始。
3月3日　物価統制令交付・施行。
4月7日　警視庁、婦人警官を採用。
5月1日　メーデー、11年ぶりに復活。
5月3日　極東国際軍事裁判（いわゆる「東京裁判」）開廷。
5月22日　第1次吉田茂内閣成立。
6月18日　東京裁判のキーナン首席検事がワシントンで、「天皇は戦争犯罪人として裁判しない」と言明。
10月7日　日本国憲法成立。
10月15日　皇太子の家庭教師として、ヴァイニング夫人が来日。
11月3日　日本国憲法発布。

1947（昭和22）年
1月1日　マッカーサー、アメリカ極東軍（FEC）総司令官に就任。
1月25日　マッカーサー、アイゼンハワー米陸軍参謀総長あてに「天皇を戦犯として起訴する証拠は見いだせず。天皇を裁判にかければ治安維持のために100万人の軍隊が必要になろう」という意味の電報を送る。
1月31日　マッカーサー、二・一ゼネストに対し、中止を命令。
3月13日　華族世襲財産法を廃止。
4月1日　教育基本法の制定により6・3制、男女共学を実施。
5月3日　日本国憲法施行。
10月11日　ヤミを拒否し、配給食糧だけで生活していた山口良忠判事が栄養失調で死亡。
12月22日　民法改正公布。

1948（昭和23）年
1月1日　皇居への一般参賀復活。元日、2日の両日で13万人が参賀。
1月26日　帝銀事件。
2月1日　沢田美喜、神奈川県大磯で混血児救済施設「エリザベス・サンダース・ホーム」を開設。
3月15日　民主自由党（吉田茂総裁）結成。
6月23日　昭和電工事件。
11月12日　極東国際軍事裁判で、東條英機元首相らA級戦犯7人に死刑判決下る（12月23日に絞首刑執行）。
12月18日　GHQが日本の自立復興のための「9原則」を発表。
12月24日　GHQ、岸信介、笹川良一、児玉誉士夫らA級戦犯容疑者19名を釈放し、主要な戦犯の処理は終了したと発表。

1949（昭和24）年
1月23日　総選挙で民主自由党が大勝。
2月16日　第3次吉田茂内閣成立。
3月7日　GHQ経済顧問ドッジ駐日公使が、日本の経済安定を目指す9原則（いわゆる「ドッジ・ライン」）を発表。
4月23日　1ドル360円の単一公式為替レートを設定。
5月14日　東京、大阪、名古屋で証券取引所が再開。
7月6日　常磐線上で下山国鉄総裁の轢死体を発見（下山事件）。
7月15日　国鉄中央線三鷹駅の車庫から無人電車が暴走し、6人死亡（三鷹事件）。
8月17日　東北本線で列車が転覆し、3人死亡（松川事件）。
9月15日　GHQが税制勧告案を発表（いわゆる「シャウプ勧告」）。
10月1日　中華人民共和国成立。
11月3日　湯川秀樹がノーベル物理学賞を受賞。
11月26日　プロ野球が2リーグ制になる。

1950（昭和25）年
1月1日　マッカーサー、日本国民への年頭の辞で「憲法の戦争放棄は自衛権の否定を意味しない」と言明。
1月7日　聖徳太子を図柄とする新1000円札発行。
3月1日　自由党が発足（吉田茂総裁）。
5月3日　マッカーサー、「共産党は侵略の手先」と発言し、非合法化を示唆。

6月6日　マッカーサー、共産党の中央委員25名の公職追放を吉田首相に指令。
6月25日　南北朝鮮軍、北緯38度線周辺で衝突、「朝鮮戦争」始まる。日本ではそのため特需景気が起こる。
7月24日　GHQによる「レッドパージ」始まる。
8月10日　警察予備隊令が公布・施行され、第1陣として7,557名が入隊。
10月1日　国勢調査を10年ぶりに実施。人口は8,319万9,627人。
12月7日　池田勇人大蔵大臣の参院法務委員会の答弁が「貧乏人は麦を食え」と報道され、問題化。

1951（昭和26）年
1月3日　NHKが第1回『紅白歌合戦』をラジオ放送する（第4回から12月31日の放送となる）。
3月21日　日本で最初の総天然色映画『カルメン故郷に帰る』（木下恵介監督）封切り。
4月16日　マッカーサー、解任され離日。衆参両院で感謝決議。羽田までの沿道で20万人の日本人が見送る。後任はリッジウェイ中将。
4月19日　帰国したマッカーサーは、米議会で、「老兵は死なず、ただ消えゆくのみ」で結ぶ34分間の演説をする。
7月10日　朝鮮休戦会談開かれる。
7月31日　日本で初の民間航空会社・日本航空を設立。
9月8日　サンフランシスコで対日講和条約、日米安全保障条約、調印。
9月10日　『羅生門』（黒澤明監督）、ベネチア国際映画祭でグランプリ獲得。
10月28日　日本で最初のプロレス試合（力道山対ブランズ戦）が行われる。

1952（昭和27）年
1月18日　韓国、「海洋主権宣言」を発表し「李承晩ライン」を設定。
2月28日　国会の承認なしに米軍に基地が提供できる「日米行政協定」が調印され、日本の主権侵害と問題化。
3月8日　GHQ、朝鮮戦争特需に応じて、日本の兵器製造を許可。
4月21日　公職追放令廃止。
4月28日　対日講和条約と日米安全保障条約が発効し、日本は再度独立国となる。それに伴いGHQも廃止される。マーフィ米駐日大使が着任。
5月1日　メーデーで皇居前広場に入ったデモ隊と警官隊が衝突し、デモ隊の1人が射殺、1人が殴打死となり、1,232人が検挙される（いわゆる「メーデー事件」）。
7月21日　破壊活動防止法、公安調査庁設置法案公布。
7月31日　警察予備隊を保安隊に改組。
11月10日　皇太子明仁（今上天皇）の立太子の礼が行われる。

1953（昭和28）年
2月21日　NHK、東京でテレビの本放送開始。1日の放送は4時間。契約件数866。
3月14日　衆議院解散（いわゆる「バカヤロー解散」）。
4月3日　沖縄の米民政府が「土地収用令」を公布。
7月27日　板門店で、南北朝鮮・アメリカ・中国の代表が「朝鮮休戦協定」調印。
11月29日　来日中のニクソン米副大統領が「憲法第9条はアメリカの誤りだった」と演説。
12月25日　奄美群島、日本に返還。

1954（昭和29）年
1月2日　皇居一般参賀に38万人が集まり二重橋で混乱、死者16人、負傷者69人。
6月9日　防衛庁設置法、自衛隊法が公布され、7月1日、陸海空の自衛隊発足。

1955（昭和30）年
5月28日　ヘレン・ケラー来日。
8月6日　第1回原水爆禁止世界大会広島大会開催。
11月15日　保守合同が成り、自由民主党結成。

1956（昭和31）年
5月14日　日ソ漁業条約調印。
5月24日　売春防止法公布。翌57年4月1日施行。
7月17日　経済白書が発行され、「もはや戦後ではない」が流行語になる。
10月19日　日ソ国交回復に関する共同宣言調印。
12月18日　国連総会が日本の国連加盟を全会一致で承認。

1957（昭和32）年
1月29日　南極観測隊が昭和基地を設営。
5月20日　岸信介首相、戦後初の東南アジア6カ国歴訪に出発。
10月4日　ソ連、人工衛星スプートニク1号の打ち上げに成功。宇宙時代の幕開け。同日、インドのネルー首相が来日。
12月6日　日ソ通商条約調印。

掲載写真一覧

p3	洋画家・藤田嗣治と写真に収まるディミトリー・ボリア
p10	東京會館
p11	極東国際軍事裁判所（現在の市ヶ谷の防衛省）
p12	正面が米国大使館
p13	天皇とマッカーサーが会談した部屋
p18	ほほえむ昭和天皇
p19	笑顔の香淳皇后
p20	平和条約発効記念式典から還幸する両陛下
p21	馬車での還幸
p22	桜田門を行進するGHQの部隊
p24	三越を見学する両陛下
p25	明仁親王（今上天皇）と正仁親王（常陸宮）
p26	立太子の礼
p27	帰国した皇太子と羽田空港で出迎えた人々
p27	学習院の学窓たちも出迎えに参席
p28	昭和天皇とマーカット少将
p29	お手植えをする昭和天皇
p29	湖畔での植樹祭
p30	巡幸中の昭和天皇
p30	昭和天皇の巡幸を迎える人々
p31	池田隆政・厚子（昭和天皇第四皇女、順宮厚子内親王）夫妻
p32	着物姿の女性と子ども
p33	吉田 茂
p34	皇居前でのメーデー
p35	皇宮警察
p36	農業
p37	マーカット経済科学局長夫妻
p38	三社祭
p39	新橋田村町の子ども神輿
pp42〜43	市ヶ谷の極東国際軍事裁判（東京裁判）の法廷風景
p44	東京裁判被告席
p45	被告席の東條英機
p48	ダグラス・マッカーサー連合国軍最高司令官
p48	オマー・ブラッドレー初代統合参謀本部議長、ルイス・ジョンソン国防長官
p49	ジョージ・ケナン国務省政策企画室長
p49	ジョン・フォスター・ダレス講和特使
p50	皇居前広場での第23回メーデー（1952年）
p51	羽田空港に到着した吉田 茂ら講和条約全権代表団一行
p52	平和条約発効と日本国憲法施行5周年を祝う式典会場
p53	お言葉を述べられる昭和天皇
p53	式典に列席する吉田 茂
p56	当時、コーヒーは50円だった
p57	ジョセフ・ドッジGHQ経済顧問
p60	連合国軍総司令部（GHQ）庁舎
p61	GHQ本部を出るマッカーサー元帥
p62	日比谷交差点
p63	日比谷通りを走る都電
p64	ガード越しに見る銀座
pp65〜66	帝国生命ビル
p67	日本劇場の映画看板
p68	日本劇場前での本の宣伝隊
p69	銀座晴海通りのよしずの日除け
p70	銀座東芝ビル（現在の東急プラザ銀座）前にあったゲート
p71	銀座東芝ビル（現在の東急プラザ銀座）前
p72	5丁目の銀座通り
p73	埋め立てられた三十間堀川
p74	銀座4丁目交差点界隈
p75	銀座の裏通り
p75	外堀通り（電通通り）
pp76〜77	人力車に乗った米兵
p78	銀座通り
p79	和装の老人
p80	自由の女神
p80	銀座で写生をする小学生たち
p81	京橋交差点
p82	第一相互館
p83	京橋から銀座方面を望む
p84	日本橋の中央通り
p85	八重洲交差点
p86	日本橋川にかかる一石橋
p86	一石橋から下流を見る
p87	日本橋から上流を見る
p88	築地川東支川
p89	東京都中央卸売市場築地市場
p89	築地市場の案内図
p90	有楽町の映画街（1953年）
p91	鍛冶橋巡査派出所
p92	三菱21号館
pp93〜94	丸の内から有楽町方面を見る
p95	東京駅丸の内南口
p96	桜田門の前で
p96	霞ヶ関官庁街
p97	新宿通り
p97	神田神保町の大根売り
p98	渋谷駅東口前
p99	渋谷道玄坂
p102	京浜東北線大井町駅のホーム
p103	荏原町商店街
p104	世田谷区奥沢の商店街
p105	洗足池
p106	洗足池駅脇のガード下
p106	雪ヶ谷大塚駅前巡査派出所
p107	武蔵小山のお菓子屋

p108	北千束駅西側のガード
p108	大岡山から見た東工大
p109	大井町線ガード下の住宅
p109	緑が丘の街角
p110	大雪の日比谷通り
p111	縄のすべり止め
p111	雪の銀座
p112	雪の米軍住宅の前で
p112	スノーマン
p113	晴れ着で日比谷交差点を渡る
p114	東京郊外の子どもたち
p114	両手にいなり寿司
p115	駄菓子屋で
p116	運動会の昼食
p116	子守りしながらママゴト
p117	紙芝居
p118	露店の駄菓子屋
p118	草野球
p119	お堀端の子どもたち
p119	おじいちゃんと孫
p120	多摩川園
p121	風船と多摩川園映画劇場の案内板
p121	多摩川園の観覧車
p121	ユネスコ村・西武園
p122	日本橋三越の屋上
p123	日本橋三越内のフラッシュバルブ写真撮影所
p124	洋画家 藤田嗣治
p125	元宝塚歌劇団男役トップスター 越路吹雪
p126	コメディアン 古川緑波
p127	御木本幸吉
p127	初代 中村吉右衛門
p128	パーマ
p128	新聞スタンド
p129	新聞と宝くじ売り
p129	宝くじ売りのお婆さん
p130	丸の内の馬車
p130	丸の内の大八車
p131	ブラシ売り
p131	樽屋
p132	ふんどし一丁の大工
p133	街頭での蒲焼き風景
p133	刀研ぎ
p134	マミヤの二眼レフカメラ
p134	報道カメラマン

本書に掲載した写真の中には、上下左右のバランスが崩れていると思われる写真がいくつかあります。しかし、あくまでも保存されている原写真を尊重して、そのまま掲載しました。

主な参考文献

『アメリカの対日占領政策とその影響―日本の政治・社会の転換』……マーク・カプリオ／杉田米行 編著／明石書店
『GHQ』……竹前栄治／岩波新書
『G.H.Q 東京占領地図』……福島鑄郎 編著／雄松堂出版
『GHQ 日本占領史序説』……竹前栄治・中村隆英 監修／竹前栄治・今泉真里 訳／日本図書センター
『MPのジープから見た占領下の東京―同乗警察官の観察記』……原田 弘／草思社
『沖縄問題の起源―戦後日米関係における沖縄 1945-1952』……ロバート・D. エルドリッヂ 著／名古屋大学出版会
『回想十年』……吉田 茂／新潮社
『検証戦争責任』1・2……読売新聞戦争責任検証委員会／中央公論新社
『皇太子の窓』……エリザベス・グレイ・ヴァイニング／小泉一郎 訳／文藝春秋新社
『指導者追放―占領下日本政治史の一断面』……ハンス・ベアワルド／袖井林二郎 訳／勁草書房
『「写説」占領下の日本―敗戦で得たもの、失ったもの』……近現代史編纂会 編／ビジネス社
『昭和天皇 戦後』全三巻……児島 襄／小学館
『昭和天皇』上・下……ハーバート・ビックス／吉田 裕 監修／講談社
『昭和天皇とその時代』……升味準之輔／山川出版社
『昭和天皇の終戦史』……吉田 裕／岩波新書
『昭和天皇の御巡幸』……鈴木正男／展転社
『昭和天皇二つの「独白録」』……東野 真／日本放送出版協会
『図説 占領下の東京― Occupation forces in Tokyo, 1945-1952』……佐藤洋一／河出書房新社
『図説 アメリカ軍が撮影した占領下の日本』……太平洋戦争研究会 編／河出書房新社
『戦後 50 年姉妹編 アメリカ人の見た日本 50 年前― 1945-1951 カラー新発見』……毎日新聞社
『占領期―首相たちの新日本』20 世紀の日本 3……五百旗頭真／読売新聞社
『占領と改革』……中村政則・尹 健次・天川 晃・五十嵐武士 編／岩波書店
『占領と講和―戦後日本の出発』……北岡伸一・五百旗頭真 編／情報文化研究所
『対日講和と冷戦―戦後日米関係の形成』……五十嵐武士／東京大学出版会
『ダグラス・マッカーサー』上・下……ウィリアム・マンチェスター／鈴木主税・高山 圭 訳／河出書房新社
『天皇の肖像』……多木浩二／岩波新書
『天皇ヒロヒト』……レナード・モズレー／高田市太郎 訳／毎日新聞社
『天皇裕仁』……大来佐武郎 他 監修／講談社
『東京裁判―もう一つのニュルンベルク』……アーノルド・C. ブラックマン／日暮吉延 訳／時事通信社
『東京裁判』上・下……児島 襄／中公新書
『東京裁判への道』上・下……粟屋憲太郎／講談社
『ドキュメント昭和天皇』……田中伸尚／緑風出版
『良子皇太后―美智子皇后のお姑さまが歩んだ道』……河原敏明／文藝春秋
『日本占領』全三巻……児島 襄／文春文庫
『日本占領回想記』……トーマス・A. ビッソン／中村正則・三浦陽一 訳／三省堂
『日本占領の記録― 1946-48』……E. H. ノーマン／加藤周一 監修／人文書院
『ニッポン占領秘史』……ハーバート・ファイス／赤羽竜夫 訳／読売新聞社
『日本占領史 1945-1952 ―東京・ワシントン・沖縄』……福永文夫／中公新書
『日本占領革命― GHQ からの証言』上・下……セオドア・コーエン／大前正臣 訳／TBS ブリタニカ
『にっぽん 60 年前―カラーでよみがえる愛蔵版スティール・コレクション』……毎日新聞社
『敗北を抱きしめて―第二次大戦後の日本人』上・下……ジョン・ダワー／三浦陽一・高杉忠明 訳／岩波書店
『ヘゲモニーの逆説―アジア太平洋戦争と米国の東アジア政策 1941 年～ 1952 年』……杉田米行／世界思想社
『米国の日本占領政策―戦後日本の設計図』上・下……五百旗頭真／中央公論社
『マッカーサー：記録・戦後日本の原点』……袖井林二郎・福島鑄郎 編／日本放送出版協会
『マッカーサー元帥と昭和天皇』……榊原 夏／集英社新書
『マッカーサー回想記』上・下巻……ダグラス・マッカーサー／津島一夫 訳／朝日新聞社
『マッカーサー書簡集』……鮎川国彦 編／日本弘報社
『マッカーサーと吉田茂』上・下……リチャード・B. フィン／内田健三 監修／同文書院
『マッカーサーの日本：カール・マイダンス写真集 1945-1951』…カール・マイダンス、シェリー・スミス・マイダンス／石井信平 訳／講談社
『マッカーサーの時代』……マイケル・シャラー／豊島哲 訳／恒文社
『マッカーサーの二千日』……袖井林二郎／中央公論社
『マッカーサーの見た焼跡 フェーレイス・カラー写真集：東京・横浜 1945 年』……ジェターノ・フェーレイス／文藝春秋
『MacARTHUR'S JAPAN』……ラッセル・ブラインズ／長谷川幸雄 訳／中央公論社
『未完の占領改革―アメリカ知識人と捨てられた日本民主化構想』……油井大三郎／東京大学出版会
『目撃者が語る昭和史』第 8 巻……猪瀬直樹 監修／福島鑄郎／新人物往来社
『吉田茂とその時代』……ジョン・ダワー／大窪愿二 訳／中央公論新社

GHQの地方占領に関する体系

広島

1946年2月、米軍に替わって英連邦占領軍が呉市に司令部を置き、中国・四国地方計9県を管轄下においた。オーストラリア人が総司令官を務める英連邦占領軍はイギリス、オーストラリア、ニュージーランド、インドからの軍隊によって構成されており、最盛時は4万人ほどの勢力だった。呉市は戦艦大和の故郷であり、東洋随一の軍港として栄えたが、占領期は英連邦軍が最大の雇用主であった。

北海道

米第八軍は当初、東日本占領を担当しており、1945年10月にはまず米第八軍第九軍団第77師団が函館に進駐した。第77師団は、フィリピン、グアム島、沖縄での激戦を勝ち抜いてきたつわもの軍団だったが、その後、小樽港から主要部隊が上陸し、北海道占領の任務に就いた。

青森

1945年9月25日、米軍「第81歩兵ワイルドキャット師団」が青森市に上陸した。当時の市公会堂で日本の降伏受諾式が行われた後、米軍は八戸、弘前、大湊などの駐屯地へ移動していった。

神戸

1945年9月、和歌山に上陸した米軍がそのまま進み、神戸進駐が始まった。進駐軍は、海岸通りの神港ビルに神戸基地軍司令部を、兵庫県会議事堂に兵

庫軍政部を置いた。その後、主な住物の接収が続き、接収地総面積は約61万坪にものぼった。

大阪

1945年9月、和歌山に上陸した米軍は陸上から大阪市内に入り、住友本社ビルに司令部を、御堂筋に面した安田ビルに大阪軍政部が属する近畿軍政部を設置した。1945年10月中旬には、大阪府下に28,000名の米兵が進駐しており、その多くは大阪市内にいた。

南氷洋

終戦当時の食糧不足を解消する有力な手段が南氷洋における捕鯨だった。当時の規則によって、捕鯨船団には2名のGHQ監督官が乗船していた。戦前は、西日本が主な鯨肉の消費地域だったが、食糧危機によって鯨肉が全国的に広がっていった。

沖縄

1945年6月23日、米軍の直接軍政が沖縄全島で開始された。終戦後、本土は連合国軍最高司令官ダグラス・マッカーサーの管轄になったが、沖縄は米太平洋方面海軍総司令官チェスター・ニミッツ提督の管轄となり、引き続き、直接軍政が敷かれた。沖縄管轄権が本土から切り離されたのは、沖縄のもつ戦略的重要性と陸軍（マッカーサー）と海軍（ニミッツ）の対抗意識によるものだった。この統治形態は1972年（昭和47年）5月の沖縄本土復帰まで続いた。

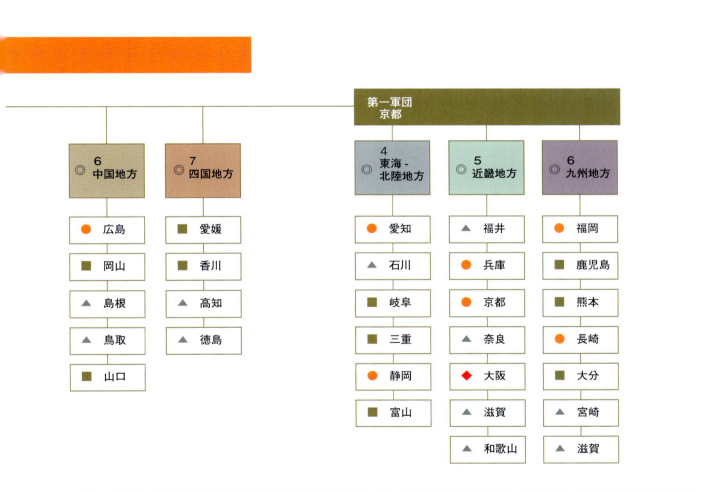

＊出典：EIGHTH ARMY MILITARY GOVERNMENT ORGANIZATION AND ACTIVITIES(U.S.NATIONAL ARCHIVES AND RECORDS SERVICIES).
『占領戦後史』竹前栄治（岩波 2002）より引用

謝　辞

　今回の写真集刊行のため、マッカーサー・メモリアルには写真の提供をはじめ、さまざまな便宜をはかっていただきました。また、資料収集用研究費の一部としてクラウドファンディングReadyforを通じ、以下の皆様方より貴重なご支援を賜りました。記して感謝の意を示したく存じます。

(順不動) 村田茉奈美様、細木順子様、鈴木慎一様、藤井愛空様、うめがえまりこ様、
加藤大介様、五十畑亜紀子様、藤井渉様、高田文代様、藤村敬次様、風早由美様、戸村浩様、
佐々木俊尚様、小松克彦様、増田純平様、川端航様、中島京子様、池田学志様、浅利義遠様、
珍田徹様、内野泰由様、佐々木良太様、磯村杏耶様、山崎陽子様、村田育子様、臼居一英様、
井須章太様、榎本雅夫様、山田正樹様、大脇健様、永松賢道様、久谷仁一様、大崎壮太郎様、
三刀谷匡様、岡澤良彦様、小山内秀友様、池本愛様、藤澤快様、益山亮司様、橋本直之様、
津金和昌様、梶孝礼様、木田裕人様、岡晴子様、小島禎樹様、矢作和歌子様、小林健一様、
竹内淳様、須永多香子様、浅井真紀様、堀内まどか様、杉浦二郎様、中島健弼様、
中川博之様、ネコノス合同会社浅生鴨様、小菅恵雄様

おわりに

　1945年8月10日、日本はポツダム宣言受諾に関する照会を出した。8月14日、アメリカ太平洋陸軍総司令官のダグラス・マッカーサー元帥が連合国軍最高司令官に任命され、8月30日には厚木飛行場に降り立った。そして、9月2日にミズリー号上で降伏調印が行われると、8日、マッカーサーは東京に移動した。当初、日本軍のゲリラ攻撃が予想されていたので、1945年10月末にはアメリカ軍兵力は40万人を超えていたが、日本軍の抵抗はほとんどなく、治安も良好だったので、1946年にはアメリカ軍兵力は20万弱にまで減った。アメリカは当初、直接軍政を敷き、日本銀行円とともにアメリカ軍事票B円を法定通貨とする予定だった。しかし、日本政府の協力と懇願によって、連合国軍の軍政は放棄され、日本政府を通じて占領行政を行う間接統治方式に変更となり、軍票使用計画も事実上中止となった。

　そして、連合国軍による対日占領が始まったころ、アメリカ合衆国政府の関心はヨーロッパ情勢に向けられた。ドイツの戦後処理をめぐる米ソ対立が資本主義圏（西側）対社会主義圏（東側）という体制間の対立（冷戦）にまで発展したからである。そのため、ワシントンはアジア方面に精力を注ぐ余裕はなく、現地最高司令官のマッカーサー元帥に日本占領に関する大幅な裁量権を与えた。たとえば、戦後の天皇の処遇に関していうと、世界およびアメリカ国内の大多数の世論は天皇の断罪だったが、マッカーサーの判断によって、東京裁判で天皇は訴追を免れている。権威としての天皇と権力を保持するマッカーサーが協力することで、民主化と非軍事化という占領の二大目標が順調に進められたのである。

　1956年には、経済企画庁が発刊した『経済白書』において「もはや戦後ではない」と宣言され、当時の流行語となった。こうして日本は高度経済成長期を迎えたのである。

杉田米行

■**編著**

杉田米行（すぎた よねゆき）
大阪大学大学院言語文化研究科教授
主な著書に『知っておきたいアメリカ意外史』（集英社新書、2010年）、*Pitfall or Panacea: the Irony of US Power in Occupied Japan, 1945-1952,* (New York: Routledge, 2003)、『ヘゲモニーの逆説:アジア太平洋戦争と米国の東アジア政策、1941-1952年』（世界思想社、1999年）など。

■**写真提供**

MacArthur Memorial (Norfolk, Virginia, U.S.A.)

■**協力者・協力機関**

Mr. J.W. Zobel (MacArthur Memorial)
アメリカ大使館アメリカンセンター
大阪大学図書館
外務省外交資料館
川西市立中央図書館（兵庫県）
国立国会図書館憲政資料館
東京国立近代美術館フィルムセンター
東京都立中央図書館
奈良県立図書情報館
兵庫県立図書館

■**写真解説**

杉田米行、西坂和行

戦後日本の復興の記録 上巻
GHQカメラマン ボリアが撮った日本の風景

2018年7月10日　初版第1刷発行

■編　著　者――杉田米行
■発　行　者――佐藤　守
■発　行　所――株式会社 大学教育出版
　　　　　　　〒700-0953　岡山市南区西市855-4
　　　　　　　電話(086)244-1268代　FAX(086)246-0294
■印刷製本――モリモト印刷㈱
■Ｄ　Ｔ　Ｐ――ティーボーンデザイン事務所

©Yoneyuki Sugita 2018, Printed in Japan　©MacArthur Memorial
本書のコピー・スキャン・デジタル化等の無断複製は著作権法上での例外を除き禁じられています。本書を代行業者等の第三者に依頼してスキャンやデジタル化することは、たとえ個人や家庭内での利用でも著作権法違反です。

ISBN978-4-86429-515-4